RAPHAËLLE LA MAMAN
AVEC LA PARTICIPATION EXCEPTIONNELLE DE
BAGGY DESSINE, BEN LE GOAT, ETHAN DIBO ET DAN

En thérapie familiale

La famille aux 10 millions d'abonnés

LEDUC

Leduc s'engage pour une fabrication écoresponsable !
« Des livres pour mieux vivre », c'est la devise de notre maison. Et vivre mieux, c'est vivre en impactant positivement le monde qui nous entoure ! C'est pourquoi nous avons fait le choix de l'écoresponsabilité. Un livre écoresponsable, c'est une impression respectueuse de l'environnement, un papier issu de forêts gérées durablement (papier FSC® ou PEFC), un nombre de kilomètres limité avant d'arriver dans vos mains (90 % de nos livres sont imprimés en Europe, et 40 % en France), un format optimisé pour éviter la gâche papier et un tirage ajusté pour minimiser le pilon ! Pour en savoir plus, rendez-vous sur notre site.

Avec la collaboration de Marion Jagu
Conseil éditorial : Françoise Smadja
Préparation de copie : Audrey Peuportier
Relecture : Camille Le Dain
Maquette : Jennifer Simboiselle
Design de couverture : Antartik
Illustrations : Nathalie Jomard

76, boulevard Pasteur
75015 Paris
ISBN : 979-10-285-3621-3

Sommaire

Introduction

Tu galères avec tes enfants ? Laisse-moi te dire un truc : du jour où ils squattent ton utérus jusqu'à celui où tu quitteras cette terre... ils vont t'emmerder (pardon. Enfin non, pas pardon). Depuis plus de vingt-trois ans, je suis l'heureuse maman de quatre garçons. Ils sont, de loin, mon plus gros tourment, mais également ma plus belle réussite. Au point qu'à l'âge de 52 ans, quand l'un d'eux m'a lancé « Ce serait sympa que tu fasses une petite vidéo », j'ai parlé spontanément de ma vie de mère survoltée. Pourtant, j'ai eu mille autres aventures : agente de voyage, commerçante, *make-up artist*, créatrice de bijoux, avant de devenir créatrice de contenu et influenceuse, puis d'écrire ce livre. Dans ces pages, tu vas trouver mon témoignage sans filtre, bourré de vécu, de tuyaux, de dérapages et surtout de résilience à base de rouge à lèvres.

Le quotidien avec des enfants, c'est un grand huit sans ceinture de sécurité. À travers ce bouquin, on va traverser la course d'obstacles des repas (et survivre au foutu « Maman, on mange quoi ? »), plonger dans les eaux troubles de l'hygiène corporelle (des poux aux coupes improbables des ados), lutter contre le chaos ménager (ou te raconter pourquoi j'ai mis des calbutes dans des cartables), apprivoiser les écrans (place aux dossiers de notre famille d'influenceurs) et frémir devant l'école (sache que la CPE m'a tellement convoquée qu'elle est devenue une amie).

Punchline : Avoir des enfants, c'est être dans la merde, littéralement. Éclaboussée par les couches qui débordent. Puis par des torrents de problèmes et de bêtises.

Pour obtenir cette parentalité explosive, j'ai dû mener de nombreux combats. Trois de mes enfants sont des miracles, nés d'un parcours PMA, d'une attente de six ans entre faux espoirs et tables d'opération. Et ça a marché. Un premier garçon, Samuel. Puis deux d'un coup : des jumeaux. Puis... le divorce. Clap de fin sur le conte de fées. Je me suis retrouvée trois ans en solo sur le ring, avec mes gants de boxe et mes cernes en guise de maquillage, à bouffer des pâtes au seum le

30 du mois. Et pourtant… Il est arrivé. Lui. Le mec. Celui qui m'a regardée avec mes valises, mes mômes, et qui a dit : « Vas-y, on tente. » Et moi ? J'ai répondu : « Pourquoi pas un p'tit dernier ? Soyons fous, mélangeons nos linges sales, nos éducations opposées et nos traumatismes, ça va rouler tout seul. » Toutes ces batailles, de mes FIV à ma famille recomposée, je les livre ici.

Mais tu sais quoi ? À chaque galère, j'ai trouvé une solution. À chaque crise, une astuce. À chaque soupir, une dose d'humour et parfois… un soupçon de vice (on n'apprend pas le vice à un tournevis). Alors oui, c'est pas facile. Mais on peut s'en sortir, sans s'oublier complètement. Car la parentalité, ce n'est qu'une facette (certes très voyante) de notre personnalité. Je suis maman, mais je reste femme à 200 %. Des traces de gloss aux cicatrices des césariennes, de la première goutte de sang à la ménopause, de mes jeans d'ado à mes craquages Vinted, de l'époque des slows à mon deuxième mariage, je vais t'ouvrir mon cœur. On va rire, on va pleurer (un peu), on va s'entraider. Et surtout, on va y arriver. Ensemble.

Avant d'entrer dans le vif du sujet, laisse-moi te présenter mes quatre garçons, ma plus grande fierté, qui vont aussi prendre la parole dans ce livre. Impossible de les empêcher de me dire mes quatre vérités !

Le grain de sel des garçons

Alors, on l'arrête tout de suite. Nous aussi, elle nous a rendus fous. Maman est la personne la plus forte qu'on ait jamais connue, mais également la plus reloue. Vous pouvez nous croire. C'est pourquoi nous partagerons nos astuces pour la gérer.

Samuel

L'aîné, hyperactif, TDAH et champion des casse-bonbons.

Les 17 kilos que j'ai « gagnés » lorsque j'étais enceinte de lui m'ont avertie : il allait occuper une place immense dans ma vie. Mais, avant même de naître, il a commencé à me prendre la tête. Sam ne voulait pas sortir de mon bide. Il a fallu aller le chercher par césarienne. Une vraie moule collée à son rocher !

Assez bon à l'école, mais claqué en sport. Il a perdu 24-0 son premier match de foot… de redoublant. Ses rêves de devenir attaquant du PSG et de marquer un triplé en finale de la Ligue des champions se sont envolés. Puis il a découvert son domaine d'excellence : le dessin. On a tous un saltimbanque dans la famille. Chez nous, c'est lui. Mais on ne savait pas que sa vocation changerait nos vies à jamais.

Ethan

Le deuxième (deux minutes avant Ben, son jumeau), toujours souriant, mais constamment dans la lune.

Le premier problème qu'il m'a apporté ? Il est né, mais il ne respirait pas… TIP TOP !

Pas très bon élève, mais grand joueur de PlayStation. Son talent caché ? Se briser tous les os du corps à chaque sortie. On a une carte de fidélité à l'hôpital du coin. Et son second talent ? Tomber amoureux dès qu'une fille lui dit bonjour, ce qui m'a valu un *date* au Flunch quand il avait 6 ans.

Benjamin

Le troisième, le plus bagarreur, le plus grand cœur et le plus timide.

Il est arrivé en braillant, avant de me faire une caresse à l'épaule, suivie d'un beau caca. C'est dire si la vie allait me chier dessus... Petit gabarit à la naissance, mais gros dossier par la suite. C'est le boss pour donner des fous rires à toute la famille. Et, surtout, le seul qui cartonne au foot... Il a même gagné la coupe de Normandie avec son équipe. MON FILS, JE SUIS FIÈRE DE TOI !

Dan

Le dernier (ouf), notre soleil, bon à l'école, pénible à la maison.

Dan, c'est la glu de la famille. Au sens propre, comme au figuré. Il est toujours fourré dans les pattes de l'un de nous. En train de compter des cartes Pokémon ou de piquer un goûter. Mais il partage aussi tout ce qu'il a, même les vieux Lego mâchouillés. On fond devant tant de générosité.

Ne me demandez pas pourquoi il est roux, ni pourquoi c'est ENCORE un garçon. Le destin m'a bien fait comprendre que j'allais être la seule à faire pipi assise à la maison pendant les vingt-cinq prochaines années... et à baisser l'abattant des W.-C.

PARTIE 1

Le quotidien avec des ados,

entre chaos et éclats de rire

CHAPITRE 1

L'alimentation, entre fast-food et légumes oubliés

La guerre des repas, encore des pâtes ?

Pas de mytho ! Même si tu kiffes cuisiner (comme moi), préparer les repas pour tes enfants, ça exige plus de stratégies militaires que de talents culinaires.

Avant de choisir le menu, apprends à connaître tes adversaires sur le bout des doigts. Chez moi, il y a l'aîné qui aime le fromage, mais pas les légumes. Celui qui déteste les fruits, sauf le melon et la pastèque. Et celui qui aime tout, lui il ne pose pas de souci. Et le plus petit ? Il ne finit jamais son assiette, sauf si on mange… des pâtes ! C'est le plat miracle qui réunit toute la famille.

Linguines à la sauce tomate, spaghettis, tortillas, grand plat de lasagnes… Avec ces incontournables, la paix est garantie. Et tu peux facilement y cacher des légumes, ni vu ni connu.

Mes pâtes à la sauce tomate

Temps de préparation : 5 min

Temps de cuisson : 1 h environ

Ingrédients : 2 boîtes de sauce tomate, 3 c. à s. d'huile d'olive, un peu de basilic, 1 petit morceau de fromage de chèvre, 500 g de pâtes, 200 g de comté râpé

Verse la sauce tomate dans une casserole. Ajoute l'huile d'olive, le basilic pour la fraîcheur, puis le fromage de chèvre coulant. Laisse mijoter à feu doux durant 1 h environ. Remue et surveille de temps à autre.

Porte une grande casserole d'eau à ébullition. Plonge les pâtes de ton choix dans l'eau bouillante. Pour le temps de cuisson, c'est le paquet qui te le dira. Quand c'est fini, égoutte les pâtes rapidement, jette-les dans un saladier, remue et couvre.

Dès que la sauce est prête, verse-la sur les pâtes et parsème le tout de comté.

Tips : à l'étape 1, ajoute un peu d'eau dans les boîtes de sauce tomate pour récupérer le fond. Secoue en chantant (faux) et verse le tout dans la casserole.

Le grain de sel des garçons

La meilleure excuse pour ne pas manger de légumes

Les excuses en béton armé (ou absurdes et drôles) pour éviter de manger des légumes.

Exemples :

- Se changer en pro de la nutrition : « Manger des carottes crues avant de dormir, ça génère des endorphines enzymatiques qui empêchent de réguler mon cycle de sommeil. »
- Devenir très empathique : « Je ne peux pas manger ce poireau, il souffre, tu sais. »
- Aller au plus simple quand la verdure arrive sur la table : « Ah, j'ai siii mal au ventre. »
- Ni vu ni connu : « Les quoi ? Je ne vois pas de légumes. »
- Appâter les parents : « Mamounette, et si on commandait plutôt une bonne pizza ? »

Pour me remonter le moral devant le frigo, j'ai une formule magique : « Si c'est moi qui cuisine, c'est moi qui décide. » Mon plat, mes goûts ! Je déteste la crème crue, les rivières de beurre, les laitages trop gras et aqueux… Rien que d'y penser, j'ai la nausée. Alors, vite, changeons de sujet !

Astuce

Pour ne pas cuisiner la tête dans la poubelle, garde l'emballage des aliments jusqu'à la FIN de ta recette. Ça t'évitera de rechercher quatre fois le temps de cuisson, entre les épluchures et les boulettes d'essuie-tout. Impossible que je sois la seule dans ce cas. Si ?

Quand le repas est prêt, place à l'action ! L'objectif : diriger les enfants vers la salle à manger. Comme je suis de nature optimiste, je tente toujours de les appeler une fois, deux fois, dix fois... Rien à faire. C'est à croire que leurs oreilles passent en mode avion dès que je crie les mots « à table ». Je n'ai qu'une envie : défoncer leurs portes façon Rambo. Mais je me contente de monter « gentiment » les chercher dans leurs piaules.

Le grain de sel des garçons

Snap snack

La vérité, c'est qu'elle monte même plus nous chercher pour le repas, elle a compris la technique. Elle nous envoie un Snap du plat : « À table ! »

Heureusement, j'ai de la chance dans ma galère. Une fois qu'ils sont là, mes garçons mettent la table (presque) automatiquement. Ils sont hyper-polis, hyper-gentils, mais surtout, ils s'empressent de se prendre les meilleurs couverts et le plus grand verre. Les crises de jalousie peuvent démarrer pour un rien... et se terminer en bataille de bouffe.

Astuce

N'hésite pas à faire manger les petits et les grands à des heures différentes. Eh oui, un gamin de 10 ans, ça peut clasher avec un adulte de 23 ans ! Ensuite, tu devras faire de la médiation devant ton assiette pleine, pendant que ton ventre gargouille.

Manger en famille, c'est sacré !

Faire la cuisine à ses enfants, c'est comme tenir un restaurant moyennement bon, sans être payé, et en recevant chaque jour les mêmes habitués. Pire : ces habitués se prennent pour des journalistes gastronomiques. Ils te notent sur 5 étoiles en live, avec leurs commentaires sans filtre.

Malgré tout, c'est le moment que je préfère. Attention, j'aimerais bien qu'ils ravalent leurs critiques, mais jamais qu'ils se taisent. On parle tous et, parfois, tous en même temps, on rigole à fond, on débat, on échange, on resserre nos liens. Pour rien au monde je ne raterais ces instants de partage.

Règle d'or

Pas de téléphone à table quand on dîne tous ensemble.

Astuce

Dès le petit déjeuner, demande à tes enfants comment ils vont. Les repas, c'est une parenthèse privilégiée pour mieux les connaître. Tu le sais, ils changent à toute vitesse ! Fais au mieux, en profitant tout autant des cafés en paix. Je t'assure, tu les as bien mérités.

Bon, c'est vrai qu'à table, personne n'entend Samuel quand il dévore un plat qu'il aime : il mange hyper vite, à grandes bouchées. Il n'a aucun mal à engloutir un double burger, c'est le burger qui a du mal avec lui...

C'est vrai aussi que Dan ne tient pas en place. Il gigote, il se lève, il revient, il picore, puis il s'en va sans finir son assiette et sans débarrasser (mais ses frères ne manquent pas de le rappeler à l'ordre). Une pièce de théâtre de l'entrée au dessert. Son père et moi, on a lâché l'affaire. Mais mes grands, ça les énerve : « T'as perdu ton aura, Maman ! » « T'as plus de charisme ! » « Avec nous, c'était l'armée ! » Ils oublient que c'est mon quatrième enfant, et que j'ai besoin de souffler. Mais je suis soulagée de voir mes aînés prendre la relève en transmettant à Dan la « politesse de la table », même s'ils oublient que je leur ai tout appris. Et je n'ai pas fait du si mauvais travail.

Règle d'or

Si tu as des ados, fixe un repas en famille par semaine. Ta maison va forcément se changer en hôtel car chacun aura ses horaires, ses activités, ses potes, ses petits copains ou petites copines. Ce repas vous permettra de tous vous retrouver dans votre cocon. Chez nous, c'est le vendredi soir. L'occasion de se régaler avec les plats que mes garçons préfèrent.

Le grain de sel des garçons

Trop c'est trop

Elle veut tellement nous faire plaisir que si on aime un plat, elle va le faire 500 fois en une semaine jusqu'à ce qu'on n'en puisse plus !

Le goût de mon enfance

Certains plats me mettent les larmes aux yeux. Je ne parle pas de ceux bourrés d'oignons (quoique), mais des recettes qui me transportent en enfance. Elles n'ont rien de diététique, mais elles sont remplies de joie.

Il y a d'abord le burger de mon papa. Des oignons caramélisés mélangés à la viande hachée, des petits cornichons qui croustillent, du ketchup, de la mayo, un régal ! Quand j'étais petite, mon père adorait nous préparer ce plat. C'était sa manière à lui de partager ses souvenirs de petit garçon. À l'âge de 10 ans, il a dû partir vivre à New York, sans parler un mot d'anglais. Quand il est revenu, en 1945, il ne parlait plus un mot de français. Mais il avait rapporté, dans ses valises, la culture américaine.

Impossible de parler des saveurs de mon enfance sans évoquer mamie Laura. Avec mon grand-père, elle voulait toujours nous faire plaisir. Ma sœur Judith et moi, nous étions leurs « petites poupées ». Mamie Laura, qui venait des pays de l'Est, nous concoctait des plats réconfortants, avec des ingrédients hyper-simples. Je prépare encore ses *latkes*, des galettes de patates râpées ou ses petites pâtes aux oignons. Aujourd'hui, ce sont aussi les plats préférés de mes fils. Merci, mamie Laura !

Parfois, je cuisine aussi des chichis, ces beignets striés qu'on mangeait en été. Ma maman nous en prenait un chaque matin. On les dégustait directement à la plage, les pieds dans le sable, les yeux sur la mer. C'était chaud, sucré et bien gras : le paradis !

Mes recettes à l'arrache

Mes quatre gamins n'aiment pas que les pâtes. Ils adorent aussi les sushis, les hot-dogs, les salades César ou encore certains plats de mon enfance. Mais, dans une famille nombreuse, impossible d'innover chaque jour. Mon conseil pour survivre : définir une quinzaine de recettes fiables et les faire varier selon les stocks. Voici mon top 3 pour les urgences :

Les gnocchis express au pesto

Temps de préparation : 2 à 5 min

Temps de cuisson : 8 min environ

Ingrédients : 1 pot de pesto, de l'huile d'olive, 1 ou 2 paquets de gnocchis frais

Vide le pot de pesto directement dans le saladier. T'as pas le temps de le faire réchauffer, assume ! Ajoute un peu d'huile d'olive au pif et réserve.

Ouvre les paquets de gnocchis. Eux, t'es obligé de les cuire. Remplis une casserole d'eau, fais-la bouillir et verses-y les gnocchis. Dès qu'ils remontent à la surface, égoutte-les, puis transvase-les dans le saladier. Remue délicatement. Et voilà ! Pas une minute de perdue.

Tips : à l'étape 2, place un couvercle sur la casserole pour que l'eau commence à bouillir bien plus vite.

Les pâtes (presque) de la flemme

Temps de préparation : 10 min

Temps de cuisson : 15 à 20 min

Ingrédients : de l'huile d'olive, 400 g de tomates cerises, 2 gousses d'ail, de l'origan séché, du sel et du poivre, 300 g de feta, 500 g de pâtes, du parmesan râpé, du basilic (facultatif)

Préchauffe le four à 180 °C.

Dans un grand plat, verse de l'huile d'olive à bloc.

Coupe les tomates cerises en deux (c'est l'étape la plus pénible, promis). Mets-les dans le plat avec l'ail pelé, saupoudre d'origan, poivre et sale à ton goût. Fais un trou au centre pour placer la feta. Enfourne pendant 15 min.

Pas de temps à perdre : porte une grande casserole d'eau à ébullition et verses-y les pâtes. Fais-les cuire 2 min de moins que ce qu'indique le paquet. Égoutte-les en gardant un peu de jus de cuisson.

Sors le plat du four, ajoute le jus de cuisson des pâtes, remue à fond, ajoute les pâtes, remue encore, saupoudre de parmesan, remue toujours et… c'est bon !

Tips : la touche* so chic *? Des feuilles de basilic sur le plat.

Le hot-dog « plus simple tu meurs »

Temps de préparation : 2 à 5 min (même pas)

Temps de cuisson : 2 min

Ingrédients : des saucisses, des pains à hot-dogs, de la mayonnaise à hot-dogs, du ketchup, de la mayonnaise, des oignons crispy, des tranches de cheddar (facultatif)

Chauffe les saucisses au micro-ondes en suivant les consignes de l'emballage.

Ouvre les pains dans le sens de la longueur et glisse-les dans le grille-pain. Pas besoin de te le dire : quand ça saute, c'est prêt.

Nappe les pains avec la mayo à hot-dogs, places-y les saucisses. Maintiens le tout fermé avec ta main, ajoute du ketchup en dessinant des zigzags sur la saucisse, un trait de mayonnaise, puis des oignons crispy. N'attends pas pour déguster !

Tips : si t'as la dalle, ajoute une tranche de cheddar.

Maman, j'ai faim !

Mes gosses, ce sont des bouffe-tout. Quand ils ont la dalle, ils ravagent les placards en laissant derrière eux un champ de miettes et de paquets vides. En même temps, si l'un d'eux prononce la phrase « Maman, j'ai faim », il obtient une réponse automatique : « T'as faim ? Mange un fruit. » Oui, ce n'est pas très gourmand, mais leurs assiettes vont déborder à l'heure du repas quand la mienne sera (presque) vide. La périménopause ne me fait pas de cadeau… Et mes enfants non plus. Ils me disent souvent : « Maman, t'es encore en train de manger des graines ? » L'amour vache, c'est aussi une recette de famille.

Anecdote : La tarte aux fraises de Bouddha

Un mercredi, j'apprends que je dois me débrouiller seule avec mon fils Samuel, qui vient tout juste d'avoir 5 ans. Pas le choix, je l'emmène au boulot avec moi. Mon petit sous le bras, je me rends dans Paris, chez des commerçants bouddhistes. À l'entrée du magasin, il y a une belle statue de Bouddha, entourée des offrandes du matin. De l'encens, des gâteaux et… une énorme tarte aux fraises. Je me tourne pendant une minute pour faire mes achats, puis je me retourne vers Samuel. Gênance : alors que l'encens brûle encore, mon Samuel ravage la tarte aux fraises.

J'ai envie de devenir invisible, mais avec mon gamin tartiné de fruits et de crème pâtissière, impossible. Qu'est-ce que je fais ? Je m'excuse mille fois auprès des commerçants, bien sûr, puis on dévalise une boulangerie. Chouquettes, croissants aux amandes, macarons, le stock ! Je reviens offrir tout ça à Bouddha, en demandant de nouveau pardon. Voilà comment mon gosse de 5 ans m'a mis la plus grosse honte de ma vie.

CHAPITRE 2

Hygiène et look,
le grand débat

Se laver, un concept abstrait ?

Imagine : pas un bruit dans ta maison, pas un gamin qui gueule ou qui rebondit sur les murs. Peut-être que ta famille a été kidnappée ? Tant mieux, tu peux te relaxer. C'est le moment de te faire couler un bon bain. Tu allumes des bougies, tu alignes religieusement tes savons favoris, tu es prêt à rentrer en communion avec les déesses des huiles hydratantes et des soins exfoliants. Puis tu ouvres les robinets et là... TU HURLES. Les salauds ! Tes ados ont encore vidé le ballon d'eau chaude. Il te reste un jet glacial, aussi agréable qu'une épilation au laser. C'est le prix à payer pour les avoir saoulés, année après année, afin qu'ils daignent se laver.

Je reviens de loin. D'une époque où je me maquillais en express – en retard pour le boulot – pendant que mes mini-monstres badigeonnaient le carrelage avec mes crèmes. Tout ça pour qu'ils refusent de prendre une douche, le soir... C'était le temps des négos interminables autour du bain.

Pause zen
Pour éviter de crier sur tes enfants à l'heure du bain, rien de plus simple. Inspire profondément. Compte jusqu'à 4. Expire. Recommence... T'y as cru ? Bien sûr que je n'ai pas de méthode. C'est ingérable, des gamins qui ne veulent pas se débarbouiller. Moi, je sortais de ces moments avec les nerfs à vif et les cordes vocales en feu. Un cours intensif d'opéra, sans personne pour me tendre une cuillère de miel.

Quand ils sont devenus assez grands pour se laver seuls, ils se sont transformés en maîtres de la ruse. Les bougres faisaient semblant de se shampouiner les cheveux : ils les humidifiaient légèrement, façon pschitt pour plante verte, et ils retournaient jouer avec un sourire d'ange. Sauf quand ils avaient décidé de faire des travaux, en transformant la salle de bains en parc aquatique... Attention, ça ne voulait pas dire que leur peau avait touché le savon. Ma vérif ultime pour savoir s'ils étaient propres ? Sentir sous leurs bras. Oui, comme avec les vieux tee-shirts.

Astuce

Je ne connais qu'une technique pour que trois enfants turbulents se brossent les dents : le poteau. Tu restes à côté, les yeux braqués sur le sablier, jusqu'à ce que le dernier grain soit tombé. C'est le seul truc qui marchait avec Samuel, Ethan et Ben. Heureusement, mon dernier ne négocie jamais avec moi (mais quand je tourne le dos, c'est une autre histoire). Tout ce qui était difficile avec mes grands est facile avec Dan, et inversement. Comme quoi, tous les enfants sont différents, et aucun n'est livré avec son mode d'emploi.

Le grain de sel des garçons

La plus grosse bêtise dans la salle de bains

Un jour où on s'ennuyait, on a décidé de raser la tête d'Ethan. C'était plutôt marrant, jusqu'à ce que Maman le découvre, horrifiée : « On dirait qu'il sort de prison ! »

Maintenant, mes trois grands squattent la salle de bains pendant des heures. Ils croupissent sous l'eau jusqu'à avoir la peau fripée. Ils remplissent la pièce de vapeur, comme s'ils tenaient un hammam. Ils dispersent des cadavres de gel douche et de shampoing dans le bac. Au sol, il y a des serviettes en boule qui poussent, dans l'air un parfum de marécage et des vêtements qui ne connaîtront plus jamais une armoire. Les miroirs sont constellés de dentifrice, au point qu'il faut plisser les yeux pour voir son reflet. Alors, dès que j'ai pu, je me suis payé un (gros) luxe : mes gamins ont leur propre salle de bains, et c'est l'aide-ménagère (bénie soit-elle) qui entre dans ce septième cercle de l'enfer. Moi, je n'y pose plus un orteil.

Message de service

À tous ceux qui vendent des déos : arrêtez de dire que l'effet dure quarante-huit heures, ça me sauverait la vie. Tout le monde y croit, même si les tee-shirts s'imbibent aussi vite qu'un mouchoir en pleine pandémie. Et dans le métro, ça pique, ça pique même grave ! Si vous ne changez rien, je vous souhaite de vous faire écrabouiller sur la barre du milieu, un jour de canicule, les narines au niveau de dix aisselles de mecs qui sortent du marathon ou du local poubelle. C'est ma *morning routine* de l'été.

Les looks improbables des ados

Je suis un peu styliste dans l'âme, et carrément *fashion victim* (cette expression est déjà dépassée ? Ne dis rien. Vive le déni). J'ai géré les tenues de mes enfants jusqu'à la fin du CM2. Les couleurs étaient assorties, les coupes maîtrisées, les tailles ajustées. Après la rentrée au collège, les looks de mes garçons sont devenus difficiles à regarder, sauf les yeux fermés. Il y a des joggings portés à mi-mollet qu'il vaut mieux oublier.

Le grain de sel des garçons

Oh, la menteuse !

C'est complètement faux, on a commencé à être stylés quand on a pu choisir nous-mêmes nos vêtements. Maman avait des goûts douteux, même si on admet que la période « jogging remonté » n'était pas très glorieuse.

Punchline : C'est l'hiver. Il pèle sa grand-mère. Au moins – 40 °C. Et l'idée de génie de ton gamin ? Sortir le cou à l'air, offert aux quatre vents. S'il te dit « T'inquiète, Maman, il va faire bon aujourd'hui ! », réplique : « Quand t'auras la crève et que tu nous gonfleras, on verra s'il faisait bon hier ! »

Mais, soyons sympas : qui ne s'est pas cherché à l'adolescence ? À cet âge, on tente d'exprimer sa personnalité, sans devenir la victime de la cour de récré. On expérimente des fringues du plus mauvais goût, sans aucun second degré. On galère à associer les styles, tout en étant ultra-sensible. Que peut-on faire pour aider nos ados ? Appeler un *personal shopper* à la rescousse ? Non. On doit suivre nos gamins pour qu'ils se sentent bien : respecter leurs goûts, sans leur foutre la pression. C'est ainsi qu'on leur donnera confiance en eux.

La preuve que ça marche ? Je leur ai transmis le virus de la mode. De Samuel à Dan, ils sont piqués. Maintenant, avec mes quatre garçons, on partage des virées shopping, on épluche Vinted comme des fous, on cherche la pièce surprise en friperie, on s'offre des shootings photo ensemble, on assortit parfois nos looks pour les soirées, et c'est que du bonheur.

Astuce

Comment ne plus perdre de thunes dans les chaussettes ? Tu prends les mêmes pour tous tes gamins, dans une couleur simple (le noir et le blanc, ça marche bien). Pas de fantaisie, sinon tu cours vers les emmerdes avec des chaussettes jamais portées et des paires impossibles à reconstituer. Tu me remercieras plus tard, quand tu auras dit adieu au cimetière des chaussettes solitaires.

Le grain de sel des garçons

Les chaussettes rayées

Maman adorait nous acheter des tonnes de chaussettes rayées... Elle disait que c'était parce qu'elles étaient vendues en pack et donc que leur prix était moins cher. Mais nous, on connaît la terrible vérité : elle nous prenait pour ses prisonniers. S'il y avait eu des bracelets électroniques en lot, elle nous les aurait mis au pied !

Coupe de cheveux et poux en série

Trois garçons + des tignasses de Raiponce = un budget coiffeur qui fait fondre ton compte en banque, surtout quand t'es parent célibataire. Alors, lorsque Samuel, Ethan et Ben étaient petits, j'avais deux possibilités : 1. Relever mes manches pour leur couper les cheveux moi-même. Pas cher et pratique, mais le résultat n'était jamais le même, et je me faisais engueuler. 2. Aller chez le coiffeur à l'arrache, le coiffeur à 10 balles. Un peu plus coûteux, mais les reproches étaient dirigés vers une autre cible. Tu vois, je n'ai pas trouvé de formule magique.

Anecdote :
La coupe des lamas

Un soir, mes ados, ces boloss, ont eu la grande idée de se faire la coupe de cheveux à la mode : rasé sur les côtés, une touffe au milieu. Quand ils se sont tournés vers moi, j'ai cru voir trois lamas. Bien sûr, ils avaient mis des cheveux partout, et aucun n'avait un balai en main car « nettoyer, c'est une tannée ». Alors, c'était pour qui ? Encore pour moi. Mes ados ne ressemblaient plus à rien et, moi, j'étais devenue Cendrillon. Le pompon !

La chevelure des enfants tourne parfois au film d'horreur. Quand ils reviennent de colo ou de classe verte, et qu'ils se grattent le crâne toutes les deux secondes… Tu sais qu'il y a de la vie dans leurs cheveux, des petites larves blanches qui bougent, bref, des poux ! Tu dois sauver ta peau. Si les gosses te sucent la moelle, les poux te sucent le sang. Même s'il est 20 heures, il va falloir retourner ta maison : laver les sièges de voiture, les draps, le canapé, les oreillers… Tout ça dans les vapeurs du shampoing anti-poux. Seul point positif : il donne un volume incroyable ! C'est une petite consolation pour la prochaine attaque de poux. Malheureusement, ces sales bêtes squattent sans arrêt la tête de nos enfants.

Le grain de sel des garçons

Brushing surprise

C'est Ethan qui te raconte son trauma. Un jour, Maman a voulu faire des expériences avec mes cheveux longs : elle m'a convaincu de les lisser, façon brushing américain. JAMAIS je n'aurais dû l'écouter. J'étais en souffrance. Elle m'a mis des produits thermoprotectruc, elle m'a arraché le crâne, elle m'a brûlé les cheveux… Mes frères se sont moqués de moi pendant des jours. Dan a même osé dire « C'est immonde, on dirait Maman » (heureusement qu'elle est blindée, Maman).

CHAPITRE 3

Une autre vision du rangement

Home sweet home

Quand tu rentres chez toi le soir, avec la migraine du boulot et le malaise des transports, que fais-tu en premier ? Sautes-tu au cou de tes gamins pour les dévorer de bisous ? Lances-tu ton soutif dans les airs en criant « Libérée, délivrée ! » ? Fais-tu glisser ton Doliprane 1 000 grâce à un verre de vin (tu creuses ta tombe, mais avec glamour) avant de t'affaler dans le canap ? Non, tu fais comme moi, tu te retiens de vriller. OK, peut-être que... je ne me retiens pas. Mes gosses me disent même : « Maman, quand tu reviens à la maison, tu nous stresses de ouf ! » Tu m'étonnes, pendant mon absence, ils ont ravagé mon *home sweet home*.

Dès que je passe la porte, je bute direct sur une paire de baskets abandonnée. Un peu plus loin, j'aperçois le lave-vaisselle à moitié ouvert. Évidemment, ils se sont servis sans le vider. Juste à côté, les couverts crades débordent de l'évier. Des restes de bouffe tapissent les assiettes. Bah oui, mes enfants n'ont pas eu la détermination de se rendre jusqu'à la poubelle. Comme de l'eau a coulé dessus, une mare dégueu s'est formée. Là, je n'ai plus seulement la rage, mais les larmes qui coulent. Je tourne les yeux vers la table de la cuisine. Banco : elle n'a pas été nettoyée. Inutile d'être de la police scientifique pour connaître leur menu... une bonne partie a rejoint le sol. Je commence à croire que tenir un balai et une éponge demande quarante ans d'expertise. La cerise sur le gâteau, c'est une espèce de boule humide. C'est le torchon qui sert de support aux téléphones de mes enfants. Ils ont dû essuyer un truc avec (je ne veux même pas savoir quoi), sans penser à le placer au linge sale...

Pas sûr que ce paragraphe réponde à la grande question de mes fils : « Pourquoi Maman se met-elle à hurler et à s'agiter quand elle rentre, au lieu de se poser ? On dirait qu'elle a bu huit tasses de café. » C'est vrai, ça... Pourquoi je suis incapable de débrancher mon cerveau après le taf ? Parce que, si je les imitais, au bout de dix jours, toute la maison ressemblerait à l'étang dans l'évier.

Punchline : Quand j'ai eu le malheur de demander à un de mes fils de ranger sa chambre, il m'a dit : « Maman, t'es trop sur mes côtes. » J'ai répliqué : « Mon chéri, quand tu étais dans MON ventre, tu étais sur MES côtes, premier degré. Alors, range ta put* de chambre. Et, au passage, tu jetteras aussi les poubelles ! »**

Le grain de sel des garçons

Le seul truc à remettre à sa place

N'oublie jamais de planquer ta réserve de gâteaux ou de bonbons ! Choisis bien l'endroit : ni tes parents ni tes frères et sœurs ne doivent tomber dessus. Le risque principal, c'est qu'ils avalent tout. C'est simple, nous, si on laisse traîner de la nourriture, Ben s'empresse de tout manger : il est capable d'engloutir quatre éclairs au chocolat d'un coup !

D'ailleurs, checke tes stocks chaque soir... Et, quand tu jettes les emballages, enfonce-les bien au fond de la poubelle. Si, malgré tout, quelqu'un dévore ton trésor, passe au niveau supérieur. Cache tes réserves dans une boîte fermée à clé. Planque la boîte quelque part et mets la clé ailleurs.

Les as du chaos

Quand mes enfants marchaient à quatre pattes, ma maison était une zone de haute sécurité. Des cache-prises, des loquets sur les placards, des barrières devant les escaliers, des babyphones dernier cri... Cite un accessoire, il était chez moi. Mieux vaut prévenir que guérir, surtout la chair de ta chair. Heureusement, j'ai évité les pires accidents domestiques. Mais dès qu'ils ont appris à se mettre debout, j'ai perdu le contrôle. Rassure-toi, ils sont en pleine forme, mais ma maison, elle, elle morfle. Le chaos s'étend : où ça tombe, ça reste.

C'est comme ça que les chambres de mes ados sont sorties de ma juridiction. Ils les transforment en champs de ruines, et moi, je ferme les yeux. Ceux que ça choque, je m'en fous. Là, il s'agit d'une question de survie pour moi et mes enfants. Quand je me retrouve dedans, ce n'est pas beau à voir. Je gonfle, je deviens rouge, puis je retourne tout. Je perquisitionne, pire que la BAC et le service des douanes réunis ! Et ensuite ? Je saigne mon compte en banque en yoga, en psys et en exorcisme pour oublier les horreurs que j'ai vues. Donc, laissez-moi éviter la chambre de mes ados.

Le grain de sel des garçons

Nos techniques pour ne pas ranger

La première règle pour ne pas ranger, c'est d'activer le mode « camouflage ». Tiens-toi immobile, ton portable en mode silencieux, ta respiration sur *off*. Malheureusement, les darons sont pires que le T. rex de *Jurassic Park*. Leur vision n'est pas seulement basée sur le mouvement. S'ils te grillent, évite d'éveiller leurs soupçons. Réponds-leur : « Oui, je fais ça tout de suite. » Puis, dès qu'ils s'éloignent, file la mission à un de tes frères ou sœurs : « Eh, Maman (ou Papa) m'a dit que tu devais tout ranger. Je t'aiderais bien, mais j'ai pas le *time*. »

Bien sûr, si tu n'as pas de frangins sous la main et pas la force d'accomplir une tâche ménagère, sors les excuses classiques : le studieux « je fais mes devoirs », le minimaliste « mais si, c'est rangé, regarde, le lit est fait », le commerçant « je vends tout ce qui traîne » (surtout si c'est pas à toi !), le risqué « c'est toujours moi qui le fais », l'inquiet « je casse tous les verres » pour la vaisselle, l'existentiel « à quoi ça sert au fond », l'imparable « je vais aux toilettes » ou l'historique « j'ai vidé le lave-vaisselle en 2008 ».

Dans mon frigo non plus, ce n'est pas glorieux. Personne ne couvre les plats (sauf moi. Car je suis une *queen*. Point barre). Ils me sortent tous la même réplique : « Je vais me resservir dans trois secondes. » Qui met le film alimentaire ? C'est Maman. Honnêtement, j'ai pas envie de courir aux urgences, trois semaines plus tard, quand ils retrouveront leur demi-pizza en se disant que le *topping* vert, c'est du pesto. Mais, malgré ma vigilance, le frigo familial reste un laboratoire, où de nouvelles formes de vie se développent.

L'anticonseil d'éducation

Tes enfants sont nés sans le gène de la maniaquerie ? Tu peux le leur inculquer grâce à la *culpabilité*. Par précaution, demande-leur d'abord de ranger. Si ça fonctionne, pars jouer au loto, c'est ton jour de chance. Si ça ne fonctionne pas, ne sois pas déçu. C'est classique dans le monde fabuleux de la parentalité. Le taux d'échec est de 99 %, selon une étude de pointe menée sur un panel de quatre garçons par le laboratoire Raphaëlle Lamaman.

Commence à ranger à leur place et sous leurs yeux, en poussant de grands soupirs. Tu peux aussi balancer les affaires en plein milieu de leurs chambres, avec un air dramatique. Sois créatif ! Tu forces le vice en accentuant tes cernes avec un crayon ? Pas de jugement. On est un parent au fond de la mine, ou pas.

Maintenant, déploie des trésors de patience. Attends. Attends encore un peu. Tes enfants ont un grand cœur, ils vont certainement lever leur cul du lit pour t'aider.

Ça n'a pas marché ? Normal. Au moins, tu te seras défoulé. Pour finir, oublie tout. Ton optimisme, tes gamins, le ménage, ces conseils. Tant que tes petits seront là, le bordel fera partie de ton quotidien. Moi, je deviens même inquiète quand il n'y a plus de chaussettes dans le couloir.

Chercher ou pas

L'heure est grave, il se peut que mes enfants et mon mari soient malvoyants. L'alarme sonne dans ma tête chaque fois qu'ils cherchent un objet, sans jamais le trouver. Pourtant, grâce à leur serviteur (moi), la maison est ordonnée : « Une place pour chaque chose, et chaque chose à sa place. » Est-ce que je dois embarquer toute ma famille chez l'ophtalmo ? Ou est-ce que ce serait… la faute de la technique de mon mari ? C'est-à-dire regarder en l'air en fouillant au hasard dans les tiroirs. Ou celle de mes fils ? Rester scotchés sur leur portable en zappant qu'il faut ouvrir le placard. Franchement, le mystère subsiste.

Astuce

Ton téléphone manque toujours de batterie, car tes ados, ces enflures, confondent leur chargeur avec LE TIEN ? Prends un marqueur indélébile et écris ton nom en gros sur TON chargeur. Le premier qui te dit « Oh, je ne savais pas, pardon Maman », tu le défon… Tu t'isoles, tu redescends d'un cran, puis tu écris son nom en gros sur SON chargeur.

Pause zen
Quand tu te changes en boule de nerfs, que tu es ronchon, au bout du rouleau, dis-toi que la vie est une série. Il y a des saisons sympas, d'autres moins bien, et chaque jour est un nouvel épisode. Moi, ça m'aide à positiver, à zapper qu'il fait moche, que ma maison est en bordel, que je suis crevée, ou que je me suis cogné le petit orteil. Je me focalise sur le fait d'être vivante, d'être là. Ça insuffle de la gaieté dans mon cœur, pour envoyer de la force à mes proches, surtout ceux qui traversent une très mauvaise saison.

Mais non, c'est pas crade !

Faisons un jeu. Devine le mot qui se cache derrière cette définition du *Larousse* : « Qui n'est pas sale, qui est net, sans trace de souillure, sans poussière. » Ou, dans ma langue : « Qui ne fait pas dégueu ni pouilleux, qui ne sent pas les vestiaires ni le McDo. » Ou encore, dans la version de mes enfants : « Qui a été porté moins de dix jours, qui a moins de trois taches, qui ne gratte pas encore. » La bonne réponse est le mot… « propre » ! Clairement, la vision de mes gamins est à des années-lumière de celle du dico.

Lorsque je signale à un de mes fils qu'un tee-shirt est crade (« Mets-le dans la machine ou brûle-le ! »), il le sniffe, puis il me sort : « C'est pas vraiment propre, mais c'est pas vraiment sale... », avant de balancer le pauvre vêtement au sommet d'une énorme montagne de fringues. Un mois plus tard, quand mon gosse le cherchera, il faudra creuser jusqu'en bas de la pile.

Le grain de sel des garçons

Le linge propre

Tes parents t'ont apporté du linge propre, mais il n'y a plus de place pour faire des boules dans tes armoires ? Tu vas être obligé de le plier, ça va pourrir ta journée. Sauf si tu appliques notre stratégie : remettre discrètement les vêtements propres dans le panier de linge sale !

Anecdote : Le cartable des calbutes

Les caleçons sales, j'en ai plus d'une vingtaine par semaine. Mais avant, ils n'arrivaient jamais jusqu'à la machine. Mes fils préféraient les laisser par terre. Est-ce qu'ils pensaient que les slips et les boxers se déplaçaient d'eux-mêmes, à la force de leurs petites pattes ? J'avais beau leur expliquer, crier, faire des schémas, ça rentrait par une oreille pour ressortir par l'autre. Jusqu'au jour où j'ai craqué. Toute la semaine, j'ai mis les calbutes dans un sac en plastique. Le vendredi, j'ai redistribué les caleçons dans leurs trois cartables. Bien sûr, ils étaient vénères... Chacun son tour ! Depuis, curieusement, je ne retrouve plus de calbutes au sol. Et si j'utilisais la même technique avec leurs chaussettes ?

Astuce

Si un de tes petits chéris a un doudou, procure-toi trois ou quatre clones. Grâce à ça, tu pourras les laver. Fini les pleurs quand tu dois imposer un tour dans la machine à nounours. Terminé le cocktail sable-morve-poussière sur les oreilles de lapinou. Ton enfant va enfin s'accrocher à un doudou sans bacille de la peste. Attention : ne dis jamais à ton enfant que sa peluche a des sosies. Il pourrait te les réclamer tous en même temps.

Le démon du ménage

Tu t'en doutes, je grossis le trait pour dédramatiser. Mes enfants ne sont pas si terribles. Si je le leur demande gentiment, il leur arrive de descendre les poubelles, de cuisiner ou de ranger. Fantastique ? Attends la suite. La muse du ménage ne leur rend jamais visite à des heures « normales ». Ce serait trop demander. L'inspiration les chatouille plutôt en pleine nuit, telle une envie de pisser. Et mon sommeil ? Il est foutu en l'air. Mets-toi à ma place : je m'endors enfin comme une brique quand, à 2 heures du mat', j'entends « VLAN ! » au-dessus de mon lit. Je sursaute, prête à tabasser du cambrioleur... mais non. C'est « juste » mon fils qui déplace les meubles de sa chambre, qui refait sa déco, qui dévale les escaliers pour aller chercher un sac-poubelle, puis qui se dit : « Tiens, si je me préparais des crêpes ? »

Lui, il est bien, tout est calme, personne ne l'emmerde. Il est si détendu qu'il oublie que Maman dort dans la pièce à côté. Il oublie à quel point j'ai du mal à m'endormir et à me rendormir. Il oublie qu'il est en train de fabriquer une bombe, qui explosera au p'tit déj entre le café et les céréales. Alors, pour le bien de toute la famille, voire de l'humanité, je voudrais que les ados entendent ces sages paroles : « Par pitié, faites votre ménage en journée. »

Anecdote : Les larmes du bac à jouets

Un week-end, Dan et moi, on s'était promis de trier ses jouets. On devait préparer un tas avec ceux qu'il voulait garder (le moins possible), un autre avec ceux qu'il voulait donner et un dernier avec ceux qu'il pouvait vendre (un petit billet, ça motive). En deux secondes, c'était le drame : Dan avait les larmes aux yeux. Pourtant, je sortais des jouets qu'il avait oubliés, des jouets qui ne connaissaient plus la lumière du jour, des jouets refilés par ses frères. Parce qu'eux aussi, les aînés, ils m'ont fait le coup ! D'année en année, tous ces machins ont formé des montagnes. Alors, mère indigne, j'ai attendu que Dan s'absente de la maison et j'ai trié le bac à jouets en cachette. *Mea maxima culpa.*

Un rêve

Les poubelles sont pleines à craquer. Tu t'apprêtes à les sortir, quand ton enfant arrive. Vous échangez ces mots doux :

« Maman, je vais m'en occuper.

— C'est vrai ? Tu le fais spontanément, sans que je crie ?

— Bah oui, t'es ma maman chérie, il faut que je t'aide.

— Mais, d'habitude, elles sont toujours pleines, et vous ne me dites rien.

— Chut, ça va aller, Maman. Je suis là pour toi. Allez, va te reposer. Va regarder *Grey's Anatomy.*

— Euh, merci ? Merci. »

Tu te sens comme sur un petit nuage en te dirigeant vers ta télé. Est-ce que ton enfant le refera ? Tu sens tes yeux devenir humides. Et c'est pas à cause de la rupture d'April et Jackson.

Ce paragraphe est INTERDIT à mes fils

Depuis des années, je prépare le meilleur *prank* de ma vie. Quand mes fils seront grands et qu'ils m'inviteront dans leur appartement, voilà le plan.

☐ Salle de bains :
- Remplacer le tube de dentifrice plein par un tube vide.
- Mettre des Carambar dans les poches des jeans sales.
- Rouler les chaussettes sales en boule, une par une.

☐ Penderie : glisser des Lego dans les baskets.

☐ Toilettes : échanger les rouleaux de papier neufs par un tube de carton.

☐ Cuisine :
- Étaler du Nutella sur les bords du pot, puis bien visser le couvercle.
- Manger un brownie au-dessus du carrelage et laisser les miettes par terre.
- Entrouvrir chaque pot de confiture.
- Enlever les couvercles des tupperwares.

J'ai hâte d'allonger la liste et de cocher toutes ces cases !

CHAPITRE 4

Les écrans,
meilleurs amis ou pires ennemis ?

La loi des écrans

C'est l'heure du diagnostic, la Dr Raphaëlle la maman est à ton chevet. Joue le jeu, ça me consolera d'être en train de bosser sur ce livre au lieu de « binge-watcher » *Grey's Anatomy* (je ne mentais pas au chapitre 3). Tes symptômes sont flippants. Le matin, impossible de sortir du lit sans l'alarme stridente de ton smartphone. La journée, tu essaies de jongler entre tes mails pro et le groupe familial WhatsApp, avec la capacité de concentration d'une crevette. Dès que ton téléphone vibre, tes émotions font le grand huit. Est-ce un appel du collège ou un spam ? Dans le doute, tu ne décroches plus. Le soir venu, tu ne rêves que d'une chose : finir *Game of Thrones* en pyjama, un verre de vin blanc à la main et un pot de glace brownie-caramel dans le bide. Outch, selon mon expertise mondialement reconnue : il y a 90 % de chances que tu sois atteint de parentalité aiguë, et 10 % que ce soit une addiction aux écrans. Si la première maladie est incurable, elle va vite te vacciner de la seconde.

Pour décrocher des écrans, rien de tel que les enfants. Non seulement ils te pompent tout ton temps, mais en plus, tu dois éviter qu'ils grandissent shootés à la lumière bleue. En tant que maman des réseaux, avec quatre fils dont des youtubeurs, j'ai fait mon lot d'erreurs, et je connais le sujet par cœur. Chez nous, je fais régner ces quatre commandements :

- À table, les portables nous ne garderons pas.
- En vacances ou en week-end, avant 11 heures, la télévision nous n'allumerons pas.
- Avant « l'heure du dodo », les portables des plus jeunes dans la chambre des parents iront.
- Un film à regarder en famille tour à tour nous choisirons, plutôt que d'être chacun tout seul devant son écran.

Pour appliquer la dernière règle, j'ai été sans pitié avec mes aînés. Ils pouvaient crier « Je finis ma partie », « Attends deux secondes » ou « Ça m'arrache les tripes », je chopais les appareils et les enfermais dans ma chambre. En revanche, je n'ai jamais fouillé dans leur vie privée. Les téléphones restaient en mode silencieux et verrouillés.

Règle d'or

Le véritable premier commandement, le voici : « Éduquer, c'est répéter. » Encore, et encore, et encore… et encore. Quand on élève des enfants, il faut se retaper des tours de manège sans arrêt.

Parlons du grand méchant loup dans la pièce : les dangers d'Internet. Les pédocriminels qui pullulent sur les réseaux, le porno qui s'enclenche au moindre clic, les *fake news* prêtes à sucer la cervelle de nos mômes, la rapidité avec laquelle un ado peut faire tourner des *nudes* ou en devenir victime, etc. Pour éviter le pire, il y a le contrôle parental, puis la prévention. Mais, avec les plus jeunes, tu n'as pas le choix : quand ils lancent le navigateur, tu dois rester derrière eux. Quand un enfant est livré à lui-même devant un écran, c'est comme s'il se baladait seul dans la rue. Il est exposé. Malheureusement, même avec un millier de précautions, ça va arriver : la mauvaise vidéo, ultra-crue ou ultra-violente, va « popper » un jour sous les yeux de ton gamin. Si ce n'est pas chez toi, ce sera à l'école ou chez un de ses copains. Prépare ton enfant à ce moment. Apprends-lui qu'il n'est pas obligé de regarder quelque chose qui le dérange, qu'il est en droit de dire « Ça ne m'intéresse pas, c'est pas bon pour moi » et entoure-le d'adultes de confiance à qui en parler.

Le grain de sel des garçons

Petit rappel

On ne fait jamais tourner de *nudes* reçus : c'est très irrespectueux, même humiliant pour la personne qui t'a fait confiance en t'envoyant cette photo, et c'est puni par la loi. Ça fait partie des valeurs de base que notre mère nous a inculquées.

Là, j'appuie sur un point sensible : comment devenir ce légendaire « adulte de confiance » ? Eh bien, ne diabolise pas les écrans. Oui, tu m'as comprise : tout d'abord, je te dis d'avertir tes enfants des dangers d'Internet, puis je te conseille de relativiser. Que veux-tu ? Être parent, c'est se transformer en équilibriste, quitte à se casser souvent la gueule. Ici, le meilleur moyen d'obtenir la confiance de tes gosses, c'est de t'intéresser sincèrement à ce qu'ils regardent. Avant de les critiquer, de leur lancer qu'ils s'abrutissent, essaie de rentrer dans leur univers ! Qui sait, tu en ressortiras peut-être comme moi, tellement inspiré que tu changeras de boulot.

Astuce

Qui a acheté des canapés super-inconfortables pour que ses fils ne squattent pas le salon H24 ? C'est moi ! Était-ce une grande idée ? Pas sûr, car on a vraiment mal au cul quand on fait des marathons ciné avec mes fils. On finit avec plus de culture et plus de risques d'hémorroïdes...

Le grain de sel des garçons

Le bingo de la mauvaise foi

Maman, c'est vraiment la reine de la mauvaise foi. Si on l'écoute, tout est la faute du téléphone, sauf quand il s'agit du sien (elle ne t'avouera jamais que son temps d'écran explose tous les records !). Tu sais que c'est une grosse gameuse vintage ? À nous quatre, on n'a pas assez de mains pour compter le nombre de vents qu'elle nous a mis car elle était obsédée par *Tetris*. Ni les heures qu'elle a passées sur les toilettes, absorbée par *Candy Crush*. On est sympas, on ne la presse pas, sinon elle part en gueulante ou elle sort des excuses bien plates.

Bon, on lui donne l'exemple. Si elle nous demande d'éteindre nos écrans, on répond : « Je vais le faire » (sans le faire), « Je vais me brosser les dents » (avec la Switch), « Je suis en plein combat » (contre le boss final).

Pas de bol, elle a fini par limiter les consoles à la maison. Elle dit que c'est pour notre santé mentale et celle de notre beau-père. Elle raconte en boucle la fois où l'un de nous (anonymat garanti) était tellement énervé qu'il a mordu l'iPad. Rien que du *bullshit* : la vérité, c'est que Maman flippe dès qu'on crie parce qu'on a foiré un niveau. Mais elle ne s'est pas entendue, elle, quand elle rate un bonus, sur un de ses vieux jeux. La reine de la mauvaise foi, tu vois !

Le premier téléphone

Te rappelles-tu ton premier téléphone ? Moi, c'était pour fêter mes 25 ans. Dans mon souvenir, c'était une machine préhistorique, lourde comme une bagnole et qui prenait toute la place dans mon sac à main. Sam, Ben et Ethan ont eu les leurs avant la rentrée en sixième. Des petits items incroyablement légers. Dan, lui, il l'a obtenu un petit peu plus tôt, mais pas sans gouttes de sueur. Ses frères ont essayé de lui faire gober qu'il aurait une brique sans touches, équipée seulement de l'appli « lampe torche » ; un téléphone sans Internet et sans réseau, qui ne capterait rien à moins que Dan se poste devant la maison. En somme, presque un portable rétro, le premier de leur maman.

Anticonseil d'éducation

Tes gosses ont inventé la connerie de trop ? Si tu ne résistes pas à l'envie de les punir, oblige-les à recopier des mots, une poésie, un roman. Sors les crayons de couleur pour qu'ils dessinent une excuse. Oblige-les à classer leurs cartes Pokémon. Fais-leur laver ta caisse. Mais ne les prive pas d'écran. Si tu enlèves les tablettes, la télévision, les ordis, les téléphones, c'est toi que tu vas punir. Tu n'as pas mérité ça. Chaque seconde qui s'écoule, tu es un parent fabuleux qui se saigne pour leur bonheur. Tu m'as comprise ? Autrement, répète cette phrase 100 fois.

Le premier téléphone, c'est presque un rite de passage. Quand on l'offre à son gamin, on y ajoute des accessoires : plus de confiance, de responsabilités et d'autonomie. Tout en ouvrant la porte à un bon paquet d'emmerdes. Avec cet objet « magique », mes fils ont :

- appelé des sociétés au pifomètre, pour « faire une blague » ;
- dépensé des sommes monstrueuses avec l'argent de Maman et Papa. Ça, ils savent rentrer les chiffres de la carte bleue sans se tromper. Bah oui, quand il s'agit de mettre de la thune dans *Fortnite*, ils se gourent pas, ces schlags ;
- changé le contrôle parental sur la télévision (rien ne les arrête). Qu'est-ce qu'ils avaient envie de voir ? Personne ne m'a donné la réponse.

Le premier téléphone de tes gamins signe la fin d'une période exécrable : celle où tes enfants utilisaient TON smartphone. Fini le temps où ton précieux (qui contient tes photos, tes discussions avec tes copines, ta playlist) était couvert de leurs empreintes graisseuses. Ta coque rose à paillettes va enfin survivre plus de deux secondes et demie. Tu limites aussi les risques que tes enfants décrochent. J'ai encore en travers de la gorge la fois où mes petits ont répondu à ma place, pour expliquer que Maman ne pouvait pas parler, car Maman faisait caca. Ça la fout mal quand, au bout du fil, c'est un client ou ta patronne...

Question existentielle
Pourquoi, quand les jeunes sont au téléphone, ils le placent devant leur bouche et jamais sur leur oreille ? Ils ne comprennent pas qu'ils sont gênants de ouf ? Qu'on entend tout ce qui s'est passé dans leur journée ? Que Mme Pichavon leur a donné deux heures de colle, cette fille de... CPE ? Ils ont peur de prendre une décharge électrique ? Que le téléphone leur explose à la gueule ou que leur objectif photo devienne crade parce qu'ils ne se lavent pas assez ? C'est vrai que postillonner sur l'écran, c'est plus clean... S'il vous plaît, les jeunes, soyez discrets. Mettez le smartphone près de votre tympan. Je vous promets que ça va bien se passer.

Des youtubeurs à la maison

Certaines mamans ne boivent pas de café, cuisinent bio, sont toujours calmes, bien organisées et ne hausseront jamais le ton. Je ne suis aucune de ces mamans, mais je le vis hyper bien. Moi, je suis une maman qui galère, qui gueule, qui se dope à la caféine et qui raconte sa vie sur les réseaux. C'est ce dernier point qui affole les gens. Au début, même mon mari n'a pas compris. Il s'est dit : « Elle s'embarque dans quoi, Raphaëlle ? Avec ses enfants, en plus ? Elle a perdu l'esprit ? » Maintenant, je suis dans un rêve éveillé, et c'est encore un cadeau de mes fils.

Punchline : Quand on est jeune, c'est le corps qui porte la tête. Avec l'âge, c'est la tête qui porte le corps. Si tu as de l'expérience et que ton instinct te souffle quelque chose, écoute-le. Ose ! Au pire, rien ne se passera. Au mieux, un nouveau chapitre de ta vie s'ouvrira. Tout ce que tu as vécu avant t'aidera à réaliser ton souhait.

Quand tout a commencé, j'étais créatrice de bijoux. Du jour au lendemain, le Covid est arrivé et a emporté mon gagne-pain. Il y avait urgence : je devais me réinventer, mais dans quel domaine ? Sam, Ethan et Ben, qui étaient déjà sur YouTube, m'ont mis le pied à l'étrier. D'abord, ils m'ont demandé d'apparaître dans leurs vidéos, avant de me dire : « Prends ton téléphone et filme-toi. » Je les ai écoutés, et ça a marché instantanément. Une chance phénoménale.

Ce nouveau métier, improbable, je le vis avec une immense gratitude et beaucoup de joie. Il m'a donné un boost de confiance que je n'avais jamais expérimenté. Si je prends la grosse tête, si je me mets à planer, mes mômes me font une piqûre de rappel : « Tu te crois où ? Redescends sur terre, frère ! » Au fond, je sais que tout peut s'arrêter en un claquement de doigts. Donc, je vis chaque projet comme si c'était le dernier, toujours prête à foncer dans une nouvelle aventure.

Astuce

Lorsqu'on travaille sur les réseaux, on peut vite devenir accro. Pour ne pas m'intoxiquer, je m'assure :

- de ne jamais ouvrir mon tél avant 10 heures. Je me réveille aussi doucement que possible (malgré mes fils...) pour m'ancrer dans l'instant ;
- de consulter le moins possible mes statistiques. Ça me permet de conserver un petit suspense, une part de mystère et de magie ;
- de me concentrer sur les commentaires mignons. Une seule phrase qui dit « vous avez éclairé ma journée », c'est merveilleux.

Insta, YouTube, TikTok... ces plateformes, que certains regardent en levant le nez, sont un terrain de jeu infini. Elles ont décuplé la créativité de mes trois aînés. Ils m'impressionnent : ils montent des mini-scénarios, des mises en scène drôles et touchantes qui font du bien aux autres. Bien sûr, ils ne jouent pas avec le feu, que ce soit pour les contenus qu'ils consultent ou ceux qu'ils créent. Leur force ? Qu'on soit plusieurs à être embarqués dans ce délire. On se soutient, on se conseille et on s'inspire les uns les autres. Mais, avec le succès, les ego peuvent se friter. Pour gérer les conflits, une coach nous accompagne. Mes fils trouvaient que c'était un luxe. Maintenant, ils savent que cette thérapie familiale permet de nous garder soudés, coûte que coûte.

Le grain de sel des garçons

Secret de tournage

Les plus grosses engueulades et les plus grosses barres, elles se passent en tournage. Un jour avant, on s'envoie chacun des vidéos qui nous parlent et qu'on pourrait transposer dans notre univers familial. On échange aussi des idées toutes neuves. Pas besoin d'écrire. On préfère se prendre la tête jusqu'au déclic. Après, ça part tout de suite ! On filme en essayant de retenir des énormes fous rires (*spoiler alert* : ça foire une fois sur deux).

La vidéo qui nous a tous pliés en deux, c'est celle des cagoules. On a fait un *prank* à Maman en lui disant qu'on devait de l'argent à des personnes peu recommandables et qu'on avait besoin de son aide pour les menacer. Regarde-la : fou rire garanti !

Ma communauté est plus que bienveillante. Elle est remplie de personnes gentilles, dont je me sens proche et qui rechargent mes batteries. Pourtant, cela ne m'empêche pas de tomber sur des messages mesquins, que ce soit sur mon compte ou ailleurs. Certains étalent leur caca dans les commentaires, satisfaits « d'avertir » un créateur de contenu d'une tenue à l'arrache, de racines blanches, d'une faute de grammaire ou d'un bafouillement. Comme je suis d'humeur généreuse, je vais leur livrer une perle éducative : « Tournez bien sept fois votre phrase dans votre cervelle avant de valider votre commentaire. » Vous ne savez pas comment la personne en face va le recevoir, alors qu'elle se casse la tête pour vous divertir, souvent gratuitement. Si ça ne vous plaît pas, allez ailleurs : il y a des dizaines de millions d'influenceurs.

Vous avez le choix ! En revanche, si vous l'aimez, arrêtez de lui lâcher de la merde. Adressez-lui plutôt des compliments et de la douceur, lorsque vous en avez en stock.

Anecdote :
L'expo du smile

J'ai vu mon premier bébé, Samuel, passer d'un gamin turbulent à un artiste passionné. En grandissant, il a bossé fort pour rendre l'art accessible à travers sa chaîne @baggydessine. J'étais déjà fière, mais mon cœur a débordé quand il m'a invitée à son expo lors de Paris Manga. C'était pour Clown, la marque de matériel de dessin qu'il a créée avec ses acolytes de toujours, Vincent et Nico. Le plus impressionnant, c'était d'observer Samuel signer des autographes pour ses fans. Il recevait tant d'amour et d'attention ! Il en donnait aussi énormément. C'est si troublant, en tant que parent, de prendre conscience que ses enfants sont devenus des adultes extraordinaires. Et, ce jour-là, dans l'aura de Samuel, j'avais un *smile* d'enfer.

CHAPITRE 5

L'école,
un jour à la fois

Retour à la case « École »

Qui n'a pas joué au Monopoly quand il était petit ? Tu récoltes des billets rue de la Paix, tu perds tout avenue de la République, tu sers les fesses pour tirer une carte « Chance », et tu recommences. L'année d'un parent, c'est la même chose, en remplaçant la case « Départ » par « École », la prison par le bureau de la CPE et les biftons par le bulletin de notes. Attention, tu dois aussi te vider les poches pour assurer la scolarité de tes enfants. En juin, la liste des fournitures te file le bourdon : des ardoises effaçables, des règles, des compas, des stylos, des gommes, des feutres, des étiquettes, des tubes de colle, des cahiers à grands et petits carreaux... Inspire, expire. Grâce à cet investissement, les gamins vont rapporter de bonnes notes, non ? Pas si sûr. Un prof dirait sans doute qu'il va falloir « poursuivre les efforts ».

Avant la rentrée, je croise les doigts au point de les entendre craquer. Gonflée d'optimisme, je guette les soldes pour trouver de « nouvelles tenues pour une nouvelle vie » à mes gosses. On les choisit ensemble, puis c'est parti pour une coupe de cheveux fraîche. Avant de m'endormir, je « manifeste » les changements que je souhaite dans le monde : je visualise mes fils franchir les grilles de l'école au ralenti, le regard assuré, prêts à... ne pas se faire remarquer. Et eux ? Ils rêvent aussi que personne ne me repère aux abords du collège. Je te jure, ils ont la honte. Dès le premier jour, ils m'interdisent de marcher à côté d'eux jusqu'à la porte. Est-ce qu'ils pensent que moi, je n'ai pas la honte ? Alors que leurs habits neufs puent déjà le sac de foot ?

Lorsque la fin de semaine sonne, j'ai perdu tout espoir. Les profs m'écrivent les premiers mots fleuris : « Votre fils souffle en cours », « Votre fils refuse de ranger ses affaires », « Votre fils fait des bruits d'animaux pendant la leçon »... La tannée commence : les enfants reviennent tous les jours avec des mots dans leurs carnets... Mis à part Dan qui fait le strict minimum (avec brio), je n'ai toujours pas un seul gamin qui travaille bien à l'école.

Anecdote :
Deux frères, une baston

À 9 h 30, je suis dans ma voiture, direction le boulot. Quand s'affiche sur mon téléphone un appel du collège. Ça, c'est pas bon signe. Du tout. Je décroche (en haut-parleur, t'inquiète pas) et j'entends :

« Oui, bonjour, on a vraiment un souci avec Benjamin. Il vient encore de se battre. Il faut que ça cesse.

— Je comprends, je vais lui en parler ce soir. On va faire le maximum pour qu'il se tienne bien.

— Vous savez, la personne avec laquelle il s'est battu, ça pose un gros problème.

— Euh... C'est-à-dire ? Il s'est battu avec qui ?

— Bah, avec Ethan, son frère jumeau. »

J'ai envie de me prendre la tête entre les mains. Au volant, c'est pas la meilleure idée. Donc je me gare, je mets mes warnings et je souffle. Je trouve la force de lancer « Bonne journée ! » à la CPE, alors qu'au fond de moi je hurle « PUTAIN DE JOURNÉE ».

Au bout d'un trimestre, je connais les profs par cœur. Il y a ceux qui sont sympathiques, compatissants, gentils ; et ceux qui sont gavés de me revoir dans leur bureau. Je comprends mieux les derniers car j'en peux plus d'être assise dans leur classe. Chaque rendez-vous parents-profs est épique : il faut caler un créneau entre 8 h 30 et 17 h 30, soit pendant mes heures de taf. Après, je rumine, j'en veux à mort à mon gamin. Il a fait de la merde et je vais devoir sauver sa peau. Le prof m'en met plein la gueule, et je garde le sourire. Je lui dis, sans trop d'espoir : « Vous avez raison, on va y arriver, il va faire des efforts. » Au fond, je viens juste de négocier un délai jusqu'au prochain rendez-vous. Mais la vie est plus dingue que les films. Sache que la CPE m'a tellement convoquée, et que je l'ai tellement suppliée, qu'elle est devenue ma pote. Quand mes enfants l'ont vue boire le café dans notre salon, ils ne l'ont pas très bien pris. Selon eux, je les ai trahis ; selon moi, ils m'ont mis sur le chemin d'une amie.

Le grain de sel des garçons

Regagner des points

Maman a fait tellement d'efforts pour rattraper nos bêtises : elle n'oubliait jamais d'offrir aux enseignants des chocolats à toutes les occasions possibles !

Anecdote : La capuche de la faim

Ben a 8 ans quand je reçois un appel de sa maîtresse. En ce début de semaine, elle m'explique qu'il a fait tourner un petit garçon par la capuche de son manteau. L'enfant a failli s'étouffer. Elle ajoute qu'il va bien, qu'il n'y a pas eu besoin d'appeler les pompiers. Je reste tout de même sous le choc jusqu'au soir : mon gamin a fait ça ? Je parle longuement à Benjamin pour être sûre qu'il prend la mesure du danger, qu'il ne recommencera pas.

Le vendredi, mon gosse rentre affamé. Je lui demande : « C'était pas bon à la cantine, à midi ? » Il me répond : « C'est pas ça, Maman, j'y ai pas été de toute la semaine à la cantine. La maîtresse, elle m'a puni à cause de la bêtise de lundi. » J'apprends que de 8 h 30 à 16 h 30, Ben est resté assis, sans bouger, devant une table. Je suis dépitée : tous les soirs, il est revenu à la maison en ayant la dalle, mais je ne me suis aperçue de rien. J'ai pas fait gaffe parce que j'avais la tête dans le guidon. Forcément, j'ai parlé à la maîtresse, j'ai fait ce qu'il fallait pour mettre fin à cette punition cruelle. Mais je traîne encore, des années plus tard, un énorme sentiment de culpabilité.

Les champions des excuses

Tu as déjà entendu cette formule adorable : « Je t'aime plus que tu m'aimes » ? Elle reflète parfaitement la taille de mon amour pour mes fils... Ainsi que l'écart entre les notes qu'ils m'annoncent et la réalité. Quand ils me disent : « Maman, j'ai cartonné en anglais ! J'ai eu 14 » ou « Le contrôle de maths, Maman, je l'ai déchiré ! », c'est souvent suivi de : « Maman, la prof principale, elle veut te voir. Je sais pas pourquoi. » Le jour du rendez-vous « je-sais-pas-pourquoi », j'entends : « Madame, on a vraiment des soucis avec votre fils. Il a 2 de moyenne en histoire, et 5 en SVT. » Ces mots me frappent comme une gifle : mes gamins me l'ont faite à l'envers. Les bonnes notes, c'était du vent. Ils n'ont pas bossé, pas révisé une seconde. Pendant que je leur payais des cours particuliers et que je les félicitais, ils se la coulaient douce. Vraiment, ils excellent dans une seule matière : me mythonner.

Le grain de sel des garçons

Le palmarès des alibis

M. Rat t'a encore foutu une sale note ? Tu vas te faire déchirer par tes parents ? Gagne quelques minutes avec ces alibis :

- « Le prof, il peut pas m'encadrer. »
- « Personne n'a compris les questions : même des hiéroglyphes, ça aurait été plus clair. »
- « D'façon, toute la classe a été saquée. »
- « C'était un contrôle surprise. »
- « Je vous jure, le prof a dit que c'était pas noté. »
- « Franchement, je pensais que j'aurais une note pire que ça. »
- « Tout le monde foutait le bordel. Impossible de me concentrer ! »
- « Il nous a testés sur un cours qu'on a jamais eu. »
- « Cette matière, ça sert à rien. On l'a plus au lycée. »
- « C'est à cause de mon stylo, il a fui sur toute la feuille. »

Fais-les tourner pour ne pas être démasqué. Et n'hésite pas à en inventer de nouveaux en t'inspirant de tes potes.

Astuce

Si c'est possible, laisse tes enfants à l'étude. Ça te permettra de respirer au moment du « couloir du soir », les quatre heures crevantes partagées entre les devoirs, la douche, le repas, puis le coucher.

J'ai une révélation : mes gamins veulent peut-être devenir magiciens. Non seulement ils essaient de rendre leurs mauvaises notes invisibles mais, en plus, ce sont les rois de l'évasion, façon Harry Houdini. Ethan a montré l'exemple dès l'âge de 5 ans. Un vrai thriller : c'est à la fin de l'année, les parents et les enfants sont réunis dans la maternelle quand, soudain, mon fils disparaît. Je fouille l'école de fond en comble. J'alerte les instits et le personnel de la cantine. Je perds les pédales car j'imagine déjà mon p'tit dans des boîtes de nuit en Thaïlande. Je sors et je me mets à courir façon poulet sans tête, suivie par mes deux autres Gremlins, Samuel et Ben. Pour finir, où est-ce qu'on retrouve Ethan ? À la maison, tout seul. Je l'embrasse, je le serre contre moi, je le sens de partout. Malheureusement, ce n'est que le début des emmerdes. Mes fils ont continué à fuir l'école, avec des techniques de plus en plus perfectionnées. C'est Ethan qui a battu le record : il a séché 68 heures de cours, en une année scolaire. Donc, si toi aussi t'as des gamins survoltés, accroche-toi bien ! Ils vont t'user, mais t'auras un paquet d'histoires à raconter.

Le grain de sel des garçons

Les meilleurs mots

Pour toi, on ouvre nos carnets de correspondance. C'est pas un plaisir : ils sont dans un état miteux. Dans ces archives, les profs ont noté nos *primes* du collège.

- **Samuel, en 5e**
  « Cet après-midi, en sortant du collège, Samuel s'est rendu au parc avec des copains. De là, il a jeté des pommes de pin dans la cour de l'école, sur les élèves. Il viendra en retenue, le 20 mars, de 13 h 30 à 15 h 30. »

- **Ethan, en 6e**
  « Ethan a passé la journée aux urgences, il n'a pas fait sa punition et doit la faire ce jour. » « Ethan se permet de grogner en cours. » « Ethan a jeté une grenouille sur une camarade. » « Ethan se déplace sans autorisation, encore une fois. »

- **Ben, en 4e**
  « Ne sors pas ses affaires au bout de vingt minutes, et crie. »

Pause (vraiment) zen

T'es lycéenne ou lycéen, et t'as passé le bac ? Il te reste l'épreuve « Parcoursup » à franchir et l'attente t'arrache les tripes ? Si tu n'obtiens pas tes choix, ne t'inquiète pas. C'est pas la fin de ta vie. Mes enfants n'ont pas tous eu ce qu'ils souhaitaient. Pourtant, aujourd'hui, ils sont heureux dans leurs projets. Et vous, les parents, ne leur mettez pas la pression. Accompagnez-les. Ils vont trouver une voie qui leur plaît. Je compte sur vous pour les soutenir et leur donner confiance, quoi qu'il arrive.

Les parents parfaits

Je déteste profondément, par tous les pores de ma peau, la sortie des classes. Ce moment où les parents parfaits s'approchent pour me parler. Quand ils me disent « Bonjour, vous allez bien ? », je me retiens de leur balancer : « Mais qu'est-ce que ça peut vous foutre ? » Ils affichent un grand sourire carnassier, façon *Alien*. Ils ont flairé l'odeur d'une proie : celle de la mauvaise mère. La réponse qu'ils attendent, c'est : « Non, ça va pas, j'ai oublié le sac pour la piscine, le goûter, le chèque pour la sortie au musée. Non, ça va pas, mon gamin a pas fait ses devoirs, il a appris sa poésie à l'arrache sur le chemin pour l'école, il a perdu son blouson. Non, ça va pas, le repas que je lui ai fait hier soir, c'était le même que celui de la cantine ce midi. »

Avant que je cède sous la pression des super-darons, mon enfant arrive enfin. On se casse, vite fait ! Ah, si seulement je pouvais l'attendre planquée dans la voiture, avec des lunettes de soleil et une cagoule. Je sais que je me fais des films, et que les parents d'élèves ne sont pas juste des balances, prêts à dégainer le numéro de l'aide sociale à l'enfance. Lorsqu'ils me parlent, ils ont peut-être envie de confier leurs problèmes à quelqu'un, voire de créer des liens entre adultes en galère. Le souci, c'est que de 9 h 30 à 21 h 30, j'ai zéro énergie sociale. Ainsi, si tu m'as croisée à la sortie des classes et que tu lis ces lignes, ne m'en veux pas si je t'ai fui. C'est pas toi, c'est moi. Promis.

Les crêpes du mercredi

Temps de préparation : 10 min

Temps de cuisson : environ 30 min

Ingrédients : 300 g de farine tamisée, 2 c. à s. de sucre, 1 sachet de sucre vanillé, 1 c. à s. d'huile, 3 œufs, 60 cl de lait, du beurre pour la cuisson.

Verse la farine dans un saladier et fais un puits au milieu, avec une cuillère. Verses-y les sucres, l'huile et les œufs un par un. Remue le tout avec un fouet. Quand ça ressemble (un peu) à des morceaux de crumble, ajoute le lait au fur et à mesure. Mélange jusqu'à obtenir une pâte parfaitement lisse (ça muscle !).

Démarre la cuisson. Beurre légèrement ta poêle et, quand elle est bien chaude, verse une louche de pâte (remue-la un peu avant). Tourne ta poêle pour répartir le mélange sur toute la surface. Baisse à feu moyen. Attends 1 min, et retourne ta crêpe. Cuis encore 1 min de ce côté… c'est bon !

Répète l'opération jusqu'à ce qu'il n'y ait plus de pâte, ou que tu en aies assez de rester planté devant la cuisinière.

Le grain de sel des garçons

Le doigt d'honneur du bus

Ici, c'est juste moi, Ben le Goat. Je t'écris une vraie histoire d'horreur : le jour où un parent d'élève a failli me tabasser.

Je dois avoir 9 ans, je suis dans le bus scolaire, et on va à la piscine. Je suis à côté de mon meilleur pote de l'époque, qui me pousse à faire des bêtises. Sa signature ? Faire des doigts d'honneur aux inconnus. Vu que je suis alors hyper-influençable, je l'imite. Je fais un, deux, trois, quatre doigts à la fenêtre. Jusqu'à ce que j'en fasse un à un daron, au moment du feu rouge. Il me fixe, il essaie de rentrer dans le car et il commence à me pointer de l'index en hurlant. Il pense qu'à une chose : me casser la gueule. La prof l'empêche de monter pour me protéger. Sauf que, le soir, elle raconte la scène à ma daronne. Je retiendrai toute ma vie la manière dont ma mère a pris la nouvelle (mal). Elle me ressort encore cet épisode. Je ne me plains pas : je peux la comprendre. J'étais vraiment dur comme enfant. Et c'était pas ma dernière connerie.

Le calvaire extrascolaire

Allons droit au but : les activités extrascolaires, ça me fait chier. Pour moi, c'est une punition. Quand tu travailles, il faut mettre en place une logistique mortelle pour emmener tes enfants au tennis, au foot, au basket... Alors qu'aucun d'eux ne deviendra sportif professionnel. Pourtant, mes fils m'ont tannée pour que je les accompagne à leurs trois entraînements par semaine, puis aux compétitions le dimanche. La preuve que je les aime ? Je me suis pelé le cul sur des bancs en plein hiver pour les encourager, puis les regarder avoir une crise d'asthme au bout de quatre tours de terrain.

En grandissant, mes fils continuent de me saouler avec le sport, surtout avec le foot. Chaque fois qu'ils me disent « Oh, il y a match ce soir », je tremble. Combien de temps, nous, les parents, on va être obligés de subir cette espèce de pelouse verte que nos gosses mettent en fond d'écran ? Combien de temps allons-nous voir nos enfants espérer, hurler, puis pleurer ? Moi, je n'en peux plus qu'ils souffrent pour le PSG ou le Barça, comme s'ils étaient dans une relation toxique. Heureusement, le PSG a enfin gagné la Ligue des champions cette année ! Le jour où je dirai « oui » au foot, c'est celui où il n'y aura plus que des victoires, que de la joie, que des coupes qui se lèvent. En somme, que des heures de tranquillité pour les parents.

Astuce

Voici cinq conseils pour élever quatre enfants turbulents.

- Déjà, tu te fais une raison, parce qu'ils ne vont pas changer dans la nuit.
- T'achètes des baskets de ouf, parce que tu vas sortir tout le temps.
- Tu te procures une trousse de secours de compétition, *the best* !
- Tu les refiles aux papis, aux mamies, aux tontons, aux amis, si tu en as qui veulent encore te fréquenter.
- Tu les envoies en colo en juillet, c'est le top. Même si tu sais qu'on va t'appeler (réponds afin d'éviter qu'on te les renvoie), laisse la magie opérer.

PARTIE 2

Moments forts

et crises existentielles

CHAPITRE 6

Ma famille,
mon combat

Ma PMA, piqûres d'hormones et bouffées d'espoir

Déjà petite, mon rêve ultime, c'est d'avoir des enfants. Je dessinais sans arrêt des mariés entourés d'une flopée de gamins. En grandissant, mon désir de famille devient de plus en plus puissant. C'est ma priorité *number one*, bien avant mes études ou ma carrière. À l'âge de 21 ans, je rencontre quelqu'un qui devait être LA bonne personne, le prince charmant. À 25 ans, on se marie et on essaie immédiatement de faire un enfant. On attend trois mois, six mois, neuf mois... rien ne prend. Je suis hantée par l'horloge biologique avec son tic-tac obsédant. Ses aiguilles qui avancent en rongeant mes chances de tomber enceinte. J'ai peur d'être fanée. Alors, avec mon mari, on fait des examens de fertilité. Pas de bol : on ne pourra pas avoir un bébé en tirant notre coup sous la couette. Il va falloir s'armer jusqu'aux dents de patience et d'espoir car la lutte va être longue.

10 phrases à ne pas dire à une nana en PMA :

- « Alors, c'est pour quand les enfants ? »
- « Détendez-vous, ça va venir. »
- « Faut vous mettre au boulot ! Le temps passe. »
- « Tant mieux pour vous. Mes enfants m'épuisent. »
- « Et vous continuez d'essayer la méthode naturelle ? »
- « Moi je suis tombée enceinte si facilement ! »
- « C'est le destin. Vous aurez un enfant au bon moment. »
- « Et si vous partiez en vacances ? Ça vous videra la tête. »
- « Moi, je renifle du sperme, et je suis en cloque. Une galère. »
- « Je connais quelqu'un qui a fait 20 FIV avant d'y arriver. »

La PMA, c'était pas prévu, mais je serre les dents pour avancer. J'enchaîne des multitudes de consultations médicales, et on me pompe mon sang en permanence. J'ai l'impression de devenir une banque alimentaire pour vampires. J'ajoute au planning les rendez-vous avec les psys, les sophrologues ou les cours de yoga pour garder un mental d'acier. Très vite, j'effectue les piqûres d'hormones moi-même. Le plus dur, c'est la perte de contrôle. Je suis livrée au bon vouloir des médecins et de leurs protocoles ultra-compliqués. L'un d'eux me promet des miracles. J'ai en lui une confiance aveugle car, entre chaque insémination manquée, il me redonne la foi. Au bout d'un certain temps, je prends conscience que le mec est un charlatan. Lors d'une consultation, il ferme la porte : « Moi, je peux t'en faire un, d'enfant. Là, maintenant. » Heureusement, je trouve la force de m'arracher du cabinet. Bien plus tard, j'ai appris qu'il avait fini sous les verrous, grâce au courage d'une autre patiente agressée, qui l'a dénoncé. Donc, note ce conseil précieux : si tu te sens mal avec un praticien, n'hésite surtout pas à en changer. Ça prend du temps et c'est énergivore, mais je te promets qu'être bien accompagnée, c'est essentiel dans ce parcours.

Punchline : On devient parent au moment où on décide d'avoir un enfant.

Et ensuite ? Je trouve un nouveau médecin pour recommencer à zéro. Je ne te cache pas que mon couple étouffe. On souffre de cet ascenseur émotionnel, sans fin. Pourtant, je n'envisage jamais de quitter le champ de bataille. Ce combat m'anime. Malgré ma peur panique des anesthésies et les ponctions qui me font l'effet de décharges électriques. Jusqu'au moment où, douze jours après l'implantation d'un embryon, mes règles sont aux abonnés absents. Je n'ai plus la force de pleurer en lisant de mauvais résultats. Au lieu de les regarder, je les envoie à mon mari pendant mon travail. Quelques secondes plus tard, je reçois le coup de fil : « Tu es enceinte ! » Je suis enceinte ! Moi ! Une émotion de folie m'envahit, comme un feu d'artifice qui fait frémir chaque centimètre de mon corps.

Six ans de parcours PMA, et treize fécondations in vitro plus tard, j'ai trois enfants fabuleux : Samuel, Ben et Ethan. Je ne regretterai jamais de m'être accrochée, d'avoir survécu aux doutes et à la douleur, et d'avoir pris soin de moi pour surmonter ces épreuves. Si, toi qui me lis, tu es en plein dans ce parcours, je t'admire. Que ça prenne ou pas, je suis avec toi. Tu peux être fière de mener ce combat et tu as le droit de déserter, pour y revenir plus tard ou pas. C'est ton corps, ta vie, de la première à la dernière piqûre. Quelle que soit l'issue, moi et tant d'autres femmes, on sera là pour pleurer avec toi (de joie ou de tristesse), te serrer dans nos bras, puis t'emmener faire la fête.

Le grain de sel des garçons

Les mutants

Ça fait quoi d'être nés sous PMA ? C'est comme provenir d'une expérience du Dr Vegapunk, dans le manga *One Piece*. Ou avoir des origines de mutant, façon Wolverine. Comme on a été congelés avant, on est sûrement ultra-résistants au froid en hiver. Bref, ça claque !

Ma tribu recomposée, un puzzle grandeur nature

Quel est le minimum de personnes pour réussir ou rater son mariage ? Juste deux. Toi et ton partenaire. C'est pareil pour un divorce. Quand vient le moment de la séparation, il faut être deux pour se soutenir, ou s'enfoncer. Pour moi, ça s'est mal passé. Les promesses non tenues et les rendez-vous manqués ont tout gâché. Au bout de trois ans et demi de procédures dignes de *Game of Thrones*, j'ai obtenu la garde des enfants et leur papa les récupère un week-end sur deux, ainsi que la semaine pour les emmener au sport. La force de mon parcours PMA m'habite toujours. Je sais que je peux le faire. J'ai des racines solides : ma mère et ma grand-mère, deux femmes qui ont porté le monde sur leurs épaules.

Pause zen

Pour bien quitter ton ex, lance une playlist de rupture. On tombe amoureux et on ne se sépare jamais mieux qu'en musique. Tu as le choix entre *I Will Survive* de Gloria Gaynor, *Babe I'm Gonna Leave You* de Led Zeppelin ou *Sauver ma peau* de Brigitte. Il y en a pour tous les goûts. Garde-toi le meilleur pour la fin.

Si les histoires d'amour finissent mal en général (navrée de te mettre la chanson en tête), elles commencent souvent en beauté et, dans certains cas, en douceur. Lorsque je rencontre mon nouvel amoureux, on n'attend rien l'un de l'autre. Nos univers sont à l'opposé. Lui, Alexis : un fêtard sans enfant, qui vit dans le Sud. Moi, Raphaëlle : une maman solo, qui vit en région parisienne. On se voit toutes les six semaines. Chaque fois, c'est une bouffée d'air. Je me sens aimée, désirée, libre, je retrouve ma vie de femme.

Deux ans filent. Peu à peu, pendant les vacances ou les week-ends, mes fils rencontrent celui qui deviendra mon mari. Je leur dis d'abord que c'est un voisin, puis un copain, puis... mon copain. Alexis a bien le temps de piger dans quelle tornade il s'embarque. Mes gosses, eux, peuvent passer Alexis plusieurs fois au scanner. Un bizutage dans les règles de l'art. Mais l'amoureux reste à nos côtés. Onze ans après notre première rencontre, lorsqu'on célèbre notre mariage, c'est Samuel qui me conduit à l'autel, car mon papa est décédé quatre ans plus tôt quand j'étais enceinte de Dan. Tu devines la suite ? Mon *make-up* est emporté par mes larmes et par un flot de tendresse.

Punchline : Tes ados n'arrêtent pas de déterrer les défauts de leur beau-père ? Ils viennent te voir en râlant : « Il a fait ci, il a fait ça » ? Balance-leur : « Tu le trouves pas génial ? Bah, t'es pas génial non plus. Il tente de faire de son mieux, essaie aussi. »

Le conte de fées est loin de se terminer. À 43 ans, je donne la vie à Dan, mon quatrième enfant. Passé la peur, toute la famille est aux anges. Nous devenons fous de ce petit bout. Vous imaginez ? J'étais seule pour élever trois enfants, et maintenant, nous sommes cinq pour Dan. Il grandit dans un océan de bisous. Ses frères lui chantent des berceuses, ils le font danser, ils jouent à la lutte avec lui. Ils ont toujours un donut à lui refiler à la sortie des cours. Chaque fois que je vais chercher Dan, il est dans les bras de l'un ou de l'autre. Avec lui, j'arrive à réaliser des choses que je rêvais de mettre en place avec ses aînés, quand je n'avais pas assez de temps et d'énergie. Je pense qu'au fil des jours, des mois et des années, ce petit roux est devenu l'enfant le plus câliné sur terre.

Le grain de sel des garçons

Dan, le roux

Dan, c'est notre petit frère, on adore l'embêter, mais on aime aussi passer de bons moments avec lui, chacun à notre manière :

- **Ben**
  Moi j'aime bien l'emmener à mon ancien club de foot, même s'il est nul, le pauvre !

- **Sam**
  Je m'occupe de lui quand ça va pas fort, même s'il m'a déjà vomi sur l'épaule.

- **Ethan**
  Souvent, on mange des wraps au poulet en regardant des anime ensemble.

Mamans solo, héroïnes du quotidien

Une maman solo, en quelques mots, c'est une maman qui porte ses couilles ou, plutôt, ses ovaires ; qui n'a même pas une minute pour changer son Tampax ; et qui a des fins de mois galères. Dans mon cas, tu multiplies tout ça par trois. Quand Ethan et Ben étaient bébés, c'était une vingtaine de couches par jour, et autant de biberons. Puis, quand ils sont allés à l'école avec Samuel, le programme de mes soirées ne s'est pas arrangé. De 18 heures à 21 heures, j'enchaînais trois tournées de devoirs, trois histoires, trois grattages de dos pour les endormir, des milliers de machines. Je ressemblais plus à un poulpe qu'à une femme, avec mes deux bras, mes deux jambes et ma tête qui s'agitaient sans fin.

Pour avoir un aperçu de mon quotidien à l'époque, disons que tu pars au ski avec trois enfants et zéro adulte. Déjà, le train, c'est une expédition. Pourtant, t'es préparé. Dans tes valises qui pèsent une tonne, il y a des crayons, de la pâte à modeler, des coloriages, et j'en passe. Mais t'as un gamin sur trois qui se mouche sans arrêt. Tes voisins soupirent en te lançant des regards noirs. Enfin, tu arrives sain et sauf, ils ne t'ont pas buté. Tu prends possession de ton appartement, mais il faut aller à la boutique de skis. Que font tes mômes ? Il y en a deux qui jouent à la bagarre avec les bâtons et l'autre qui se blesse en tombant dans ses chaussures de ski. V'là le lendemain, tu dois les conduire à trois cours différents, aux mêmes horaires. Tu demandes à la réception d'en garder deux, le temps que tu en emmènes un. Tu es le premier au premier cours (bravo !), mais le dernier au dernier cours (tu fais chier tout le monde). Et le soir ? Tu récupères tes trois bouts de chou, mais l'un d'eux a fait pipi dans sa combi et ça a glissé jusqu'aux chaussures. Remonte tes manches, t'en as encore pour une semaine.

Anecdote :
Le Tampax du zoo

Je pars au zoo avec les enfants. Pendant la visite, je sens que ça urge dans ma culotte. Je dois aller aux toilettes pour changer mon tampon, sinon ça va être un carnage. Mais quand t'as trois têtards avec toi, tu fais comment ? Moi, je leur demande de rester tranquilles à côté de la porte. En deux secondes, mon affaire est pliée, je ressors et… le gardien arrive vers moi :

« C'est à vous, les trois petits garçons, juste devant ?

— Oui, je les ai laissés un instant. Ils ne peuvent pas entrer dans les toilettes des femmes avec moi.

— Mais, madame, ils ont nourri les animaux. C'est in-ter-dit. C'est sti-pu-lé partout. Autrement, il y a des singes qui viennent réclamer à manger.

— Je suis vraiment navrée, monsieur. Ça ne se reproduira pas.

— C'est dingue ! Ils sont mal éduqués, vos mômes ! »

Je me la ferme pour en finir, mais je suis fumasse. Au fond de moi, je souhaite très fort qu'une maman solo me venge, en changeant son tampon à côté de ce peigne-cul, au milieu du zoo. Comme ça, elle gardera ses trois mouflets sous contrôle. Et lui, il aura pas à s'inquiéter pour les singes. Ce sont les lions qui viendront le bouffer.

Une semaine sur deux, mes enfants doivent aller chez leur père. La première fois, je m'attends à célébrer ce week-end de liberté, mais c'est comme si on m'écartelait. Tout le monde pleure : mes gamins, mon ex-conjoint et moi. Durant deux jours, je sens une boule coincée dans ma gorge qui me souffle : « Mince, ça y est. Ils sont partis. » D'autres week-ends arrivent, d'autres déchirements.

Au fur et à mesure, je prends le pli. J'apprends à savourer ces espaces de liberté. Ne m'occuper que de moi ? Réussir à travailler sans penser aux enfants ? C'est presque fou, mais ça recharge mes batteries à bloc, pour récupérer mes petits avec plein d'énergie.

Le spritz de survie

Temps de préparation : 5 min

Ingrédients : 4 glaçons, 8 cl de prosecco, 5 cl d'Aperol, 2 cl d'eau gazeuse (facultatif)

Prends le temps de faire une pause cocktail. Moi, c'est à 18 heures, après les devoirs, et avant le repas.

Remplis un verre ballon de glaçons. Verse le prosecco, puis l'Aperol et l'eau gazeuse (je préfère laisser la place au pétillant de l'ivresse). C'est prêt !

Bois une gorgée dès que tu entends le mot « Maman ». Attention : ça peut descendre vite, selon ton nombre d'enfants.

Lorsque tu te sépares, tu t'appauvris en un instant. T'as un salaire en moins (souvent le plus gros si t'es une femme), mais tes dépenses ne baissent pas, et la pension alimentaire n'augmente pas non plus. Parfois, je cachais à mes mômes que je n'avais plus un rond pour mettre de l'essence dans la voiture. Je dressais des « paravents » pour masquer le vide du porte-monnaie. Évidemment, j'ai pété les plombs… Quand mon stress débordait, j'essayais de raisonner mes fils comme des adultes. Ça n'avait aucun sens. Ils finissaient en pleurs, et moi, submergée par la culpabilité. Mais on redressait la tête, je sentais qu'il y aurait des jours meilleurs. J'avais la volonté d'une Amazone.

Punchline : De la petite souris à l'université, le panier des mamans solo est toujours percé.

Pour tenir jusqu'au 30 du mois, tu te transformes en guerrière. Quand les mamans solo ne sont pas en train de faire un max d'heures sup au boulot, elles font bouillir la marmite à la maison (cuisiner, ça coûte moins cher), ou elles chassent les promotions au supermarché pour remplir le frigo. La pression est infernale, mais elles ne peuvent rien lâcher. Elles tracent, elles craquent, elles se relèvent, et ainsi de suite. À mes yeux, ce sont des héroïnes qui mériteraient une fête nationale : « la journée des mamans solo ». Pendant celle-ci, on les mettrait sur le devant de la scène, et on réfléchirait ensemble au moyen de les soulager, pour qu'elles se sentent soutenues un peu plus que vingt-quatre heures.

Anecdote : Bourreau de travail

Un soir, j'ai une hémorragie : des caillots de sang sortent de mon nez. Sam, qui a 16 ans, m'emmène à l'hôpital qui est juste à côté. On me mèche deux fois, rapidement, sans anesthésie. Je douille sévère. Lorsque le médecin arrive, il me regarde, très inquiet : « Madame, vous aviez 5 de tension, on aurait pu vous perdre. » Et moi, pendant qu'il m'annonce ça, je pense à quoi ? Pas à la mort, mais à retourner bosser. Je suis à mon compte, j'ai trois gamins : si je ne travaille pas, je cours au désastre. C'est ça aussi, la réalité des mamans solo. Risquer sa santé pour soutenir sa famille, coûte que coûte.

Astuce :
Comment gérer ton budget courses avec une famille nombreuse ?

- Si t'es pas un pro des fourneaux, apprends quelques recettes classiques. Cuisiner, ça te permet d'acheter moins de plats tout faits.

- Opte pour les formats familiaux.

- Traque toutes les promotions et attends les soldes pour acheter des vêtements à tes enfants.

- Apprends à tes enfants, dès leur plus jeune âge, à consommer autrement, par exemple à privilégier la seconde main au neuf.

- Incite tes ados à faire des petits boulots, comme baby-sitter ou moniteur de colonies de vacances.

- De temps en temps, lâche-toi. Ce sera un avant-goût du futur ! C'est juré, tout finira par s'arranger.

CHAPITRE 7

Les vacances, paradis ou enfer ?

Sale temps pour les parents solo

Est-ce que, quand l'été approche, tu salives devant les crèmes solaires et les badges de télépéage ? Est-ce que tu pries la sainte Trinité « baignade, apéro, dodo » ? Et est-ce que, le premier jour des grandes vacances, tu exécutes une danse de la joie ? Si oui, je te soupçonne de venir d'une galaxie lointaine. Comment je l'ai deviné ? J'ai vingt-trois ans de vacances terriennes, en famille, à mon actif. Je mérite une médaille, et pas en chocolat. D'après mes souvenirs cuisants, « vacances » ne rime pas avec « détente » ou « farniente » pour les parents, et encore moins pour les parents solo. Pour cette catégorie courageuse, quand juillet et août se pointent, c'est le signe des valises pleines à craquer, des lessives qui tournent en continu, des activités à organiser... avec seulement deux mains, deux jambes et une tête.

Astuce

Tu es parent solo avec des enfants en bas âge, tu n'as pas les thunes pour partir en vacances, aucun de tes potes ne t'invite, et tes parents ne sont pas dans le coin ? Je connais cette galère. Ton meilleur plan s'appelle « centre de loisirs ». Ne culpabilise pas : au début, tes enfants vont peut-être traîner les pieds, mais ensuite, ils vont trépigner. Chaque matin, ils attendront de retrouver leurs copains, de découvrir de nouvelles activités et de vider leurs batteries. Et toi ? Tu n'auras pas à t'improviser mono de colo pendant une semaine. Tout bénef !

Quand tu pars solo avec des enfants, sous le mauvais temps, tu comprends vraiment ta douleur. As-tu déjà fait la queue à Disneyland avec trois gamins, entre deux averses ? Ils ont froid, ils ont faim, ils vomissent dans les manèges... Au lieu de t'aider, les autres adultes soupirent (merci pour rien, surtout). Des idées noires t'envahissent et restent dans ton cerveau, comme des mouches sur le papier collant. Tu te visualises en train de baisser la barre de sécurité, annoncer à tes petits que tout va bien se passer et, quand le wagon démarre, piquer une pointe vers la sortie. Heureusement, ton puissant instinct maternel te retient. Et puis, tu as oublié ton parapluie et les grilles sont hyper loin.

Voyons le verre à moitié plein. Si tu te retrouves à Disney sous la pluie, dis-toi : « Au moins, je ne suis pas à Deauville. » Entre deux balades qui trempent ta famille jusqu'aux os, vous devez rester enfermés dans la chambre d'hôtel. Afin d'occuper tes enfants, tu inventes des tonnes de jeux, mais eux, ils préfèrent diriger leur énergie vers les conneries. Tu dois anticiper chacun de leurs mouvements, en résistant à l'appel d'une sortie au resto, car ton compte épargne est rouge sang. La prochaine fois, t'emmèneras tes petits à la piscine municipale. Sous les néons, il fait toujours beau. Et, au moins, tu discuteras avec des adultes, même si c'est pour t'engueuler avec le maître-nageur.

Anecdote :
I love Mexico

Je décide de partir en club vacances au Mexique avec mes enfants. Mon objectif : les coller au mini-club, et être enfin tranquille. Les passeports sont prêts, le logement réservé, l'avion a décollé, c'est nickel. À l'atterrissage, ma petite famille se plante devant les tapis roulants. Mes Gremlins commencent à jouer avec les chariots, et moi, j'attends l'énorme valise avec les affaires de mes mômes. Le tapis tourne, tourne, tourne. Rien. Elle s'est perdue. Pas le choix : on se casse de l'aéroport pour dévaliser la boutique du club. Tee-shirt « I l♥ve Mexico », tongs « I l♥ve Mexico », maillots de bain « I l♥ve Mexico ». Contre mauvaise fortune, bon cœur !

Le grain de sel des garçons

La valise de Maman

Dans la valise de notre mère, tu peux enterrer un cadavre, OKLM. Pour deux jours, elle y fourre : douze paires de godasses, huit sacs, une trousse pour les médocs, quatre autres pour les cheveux et le maquillage, des robes, des robes, encore des robes, une pile de hauts quatre saisons, puis des pantalons dans toutes les matières. Vers la fin, elle part en sucette. Elle rajoute encore des trucs, au cas où elle aurait besoin d'un « *outfit* de dernière minute » ou « la météo changerait ». Pour fermer son armoire roulante, elle doit s'asseoir

> dessus ! Et on ne parle même pas de son bagage cabine... Et pour le retour ? C'est encore pire. Elle fait craquer son porte-monnaie sur place, puis elle doit racheter une valise, puis une autre et encore une autre.

Les saintes colonies de vacances

Sans la colo, je traverserais l'été en mode « zombie ». Je te raconte pas le prix du *make-up* pour cacher le teint grisâtre et les cernes jusqu'aux orteils. Ce n'est pas (seulement) que je veux me débarrasser de mes enfants pendant trois semaines. C'est qu'ils attendent ce rendez-vous avec impatience. Du temps sans daronne sur le dos, ils signent illico presto. Bien sûr, ça coûte la peau du cul, mais je serais prête à vendre mes organes pour regarder mes gamins monter dans ce bus.

Anticonseil d'éducation

Mieux que la colo, inscris tes gosses à *Koh-Lanta* ! Les valises seront vite bouclées : une seule tenue par enfant pour un mois. Moi, si je pouvais remonter le temps, je n'hésiterais pas. Ça me ferait gagner des années à étiqueter leurs fringues, pour leurs trois bagages, au marqueur indélébile.

Attention : j'adore retrouver mes mômes à la fin de la colo ! Ils m'ont manqué, ces boloss. Quand ils arrivent, ils ont un teint hâlé super-craquant, et la voix cassée d'avoir trop fait les fous. Je les embrasse, avant de les shampouiner et d'enrubanner leurs têtes dans la Cellophane. Là, sur le pas de la porte. Tu trouves ça bizarre ? Attends de les voir se gratter le cuir chevelu, comme des chiots perdus. Ils reviennent de colo en emportant des dynasties de poux avec eux. Après le « sas de décontamination », je m'équipe de sacs-poubelle pour jeter les déchets toxiques : tous les vêtements noircis, qui se sont décomposés sous la crasse et les loisirs. Ensuite, on se réunit pour partager nos souvenirs. Moi, je me suis reposée, eux, ils se sont défoulés. On est parés pour plonger dans le mois d'août.

Anecdote : Comment se faire virer de colo

Quand mon fils est devenu moniteur, je me suis dit : « C'est incroyable. Il a mûri, mon tout petit. Il est devenu fort et sage, le destin nous réserve tant de surprises. » La tête haute, à 18 ans, il faisait un pas vers l'âge adulte. Malheureusement, la suite a montré qu'il n'était pas prêt à aller dans cette direction. Au bout de quelques jours, il a reçu un premier avertissement : monsieur draguait des filles sur la plage, à côté des ados qu'il était censé surveiller. Un peu plus tard, ce bouffon a eu une illumination : pourquoi ne pas raser un cœur sur la nuque d'un ado ? Cet ado a trouvé ça tellement cool, tellement drôle, qu'il a fait tourner la photo sur les réseaux. Mon fils a reçu un deuxième et dernier avertissement. Quant à moi, j'ai reçu mon fils à la maison. Retour à l'envoyeur.

Le grain de sel des garçons

Les pi(t)res de la colo

Chaque année on jouait avec les limites, on n'était jamais bien loin de se faire virer : on allait faire les débiles dans les couloirs, on embêtait nos camarades dans leurs chambres, on prenait l'extincteur pour asperger nos copains, et bien sûr on déclenchait l'alarme incendie… Si Maman recevait tous les jours des appels des monos, elle ne riait pas autant que nous…

Le comble, c'est qu'aujourd'hui on est plusieurs à avoir obtenu le BAFA. Cinq ans plus tard, c'est nous qui apprenons aux enfants à faire des bêtises ! Tu vois, Maman, tu t'inquiètes pour rien.

C'est quand qu'on arrive ?

Quand on lançait la bagnole sur la route des vacances, le pot d'échappement raclait presque le sol. Ma caisse était inondée de bagages et de jouets jusqu'entre les sièges avant. On embarquait même nos courses avec nous pour avoir le moins de choses à acheter sur place, avec mon budget de maman solo. Dès que la voiture démarrait, mes gamins n'arrêtaient pas de se défoncer la tronche. J'agitais ma main vers l'arrière, comme un pauvre drapeau blanc, puis je mettais la musique à fond pour les faire chanter… ou pour masquer leurs cris de damnés.

La playlist de Raphaëlle
Pour te donner un coup de boost au volant, t'as besoin d'un son qui t'électrise, de tubes aussi vintage que vivants. Bref, la musique des années 1980. Alors, pousse le bouton « Play » de ton autoradio, et monte le son avec *Wake Me Up Before You Go-Go* de Wham!, *Billie Jean* de Michael Jackson, *Just an Illusion* de Imagination, *Holiday* de Madonna, *Kiss* de Prince. Tu peux avancer (un peu) dans le temps avec *Rehab* d'Amy Winehouse ou en compagnie des Daft Punk et de Diam's.

Ma plus grande trouille pendant le trajet, c'était que mes enfants s'endorment. J'avais aucune envie de porter des princes au bois dormant jusqu'à l'appartement. Je te rappelle que je vidais d'abord la voiture, remplie d'autant de merdier que pour un déménagement. Et qui dit gosse qui dort le jour, dit gosse qui fait la bringue la nuit. Dès que l'un d'eux bâillait, hop ! Je lui calais une sucette ou un chewing-gum dans le bec. Après, je lui faisais compter les files de voitures de l'autoroute A6 pour qu'il garde les yeux ouverts pendant son *sugar rush*. Tout pour tenir jusqu'à l'enchaînement divin : moteur coupé, point mort, frein à main, « les enfants, on est arrivés ! ».

Anecdote : Maman, je veux sortir de l'avion !

Je suis assise dans un avion avec mon dernier, Dan. C'est un bout de chou d'à peine 1 an. Au décollage, il se dandine de malaise, on dirait un asticot terrorisé. Sa peur monte d'un cran à chaque seconde, et mon besoin de l'aider aussi. Les moteurs se mettent à rugir, quand je décroche ma ceinture pour bondir vers Dan. L'hôtesse de l'air me rattrape de justesse : la scène est digne d'un film d'action. Elle m'arrête, me rassure et me rattache. On décolle… Tout le monde se calme. Sans elle, j'aurais certainement déclenché le toboggan d'urgence pour évacuer avec mon petit. Je regrette presque qu'elle soit venue nous aider, tiens.

Astuce non brevetée

Tu as des mini-bras, comme moi ? Grâce à cette combine de pilote, fini le temps où tu sortais le torse par la fenêtre pour choper le ticket de parking : équipe-toi d'une pince à salade. Tu la sors, tu pinces le petit papier et, abracadabra, la barrière se lève. Avec cette extension « naturelle » de ton bras, tu feras également sensation au péage, au comptoir pour attraper ta bière, ou dans ta maison pour choper les affaires sur la dernière étagère.

Les vacances, une réunion de famille

Chante avec moi : « On dirait le Sud, le temps dure longtemps, et la vie sûrement plus d'un million d'annééééées ! Et toujours en été. » Ça, c'est aussi un incontournable des vacances. Le Sud, hein, pas radio Nostalgie (quoique). Avec Alexis et les enfants, on adore se rendre à Cannes, c'est ma ville chérie. Mes grands-parents habitaient là-bas et j'y ai tricoté de fabuleux souvenirs d'enfance. Comme mon mari est cannois, on loue ensemble de grandes baraques qu'on remplit avec les frangins, les frangines, les amis, les enfants. On se lève à pas d'heure, pour enchaîner les plongeons dans la piscine et les barbecues. Personne ne nous emmerde, mais, moi, je ne me gêne pas pour emmerder mes fils. Sinon, ils pioncent jusqu'à 13 heures. Qui doit les secouer pour qu'ils viennent ranger, passer l'aspirateur et mettre la table ? Celle qui est debout depuis 7 heures du mat' pour vider le lave-vaisselle, réceptionner les courses, enlever leurs fringues de l'escalier, puis faire à manger (les Snickers glacés, ça nourrit pas). Mais, à 13 h 03, grâce à ma douce voix, mes gamins se bougent les fesses, et c'est reparti pour le kiff.

Anecdote : Deux tranches de fromage

Tu prends un fils unique sans enfant. Tu tombes amoureuse de lui, vous passez les vacances ensemble et il vient t'aider pour tes courses. Lui, il choisit le petit panier de l'entrée des caisses. Toi, tu lui montres un Caddie. Lui, il avance tranquille. Toi, tu pars en marathon. Tu attrapes tout en format maxi, du pain de mie aux corn-flakes. Lui, il prend un mini-beurre individuel, un pot à moutarde de Nutella et deux tranches de fromage. Tu te dis : « Merde, le mec, il est loin de comprendre le concept de famille nombreuse… » Quand tu arrives à la caisse, il manque de s'évanouir. Des grosses courses comme ça, c'est pour le réveillon avec ses potes. Tu le vois réfléchir, des gouttes de sueur sur les tempes. Tu as réussi à lui faire piger que pour nourrir trois enfants, c'est chaque semaine un budget de fête.

Le gâteau de sushis quand tu as les thunes

Temps de préparation : environ 45 min

Temps de cuisson : environ 20 min

Ingrédients : 700 g de riz pour sushis, 70 cl d'eau, 3 c. à s. de vinaigre de riz, 1 c. à s. de sucre, 2 pavés de saumon coupés en dés, de la sauce soja sucrée, de la sauce soja salée, des graines de sésame, des feuilles d'algues nori, 1 avocat

Tapisse un moule à manqué de film alimentaire. Mets-le au frigo.

Rince abondamment le riz. Verse-le dans une casserole avec l'eau. Porte à ébullition, puis baisse à feu moyen et couvre. Attends 10 à 15 min pour que l'eau soit complètement absorbée. Coupe le feu et laisse reposer à couvert pendant 10 min.

Dans une casserole, mélange le vinaigre de riz et le sucre. Chauffe doucement jusqu'à ce que le sucre soit dissous.

Sors ton plus bel éventail. Agite-le, façon canicule, au-dessus du riz pour le faire tiédir, puis verse le mélange vinaigre-sucre en remuant.

Fais mariner le saumon dans un peu de sauce soja sucrée et salée, avec quelques graines de sésame. Réserve 15 min au frigo.

C'est l'heure du montage : place quelques dés de saumon au centre du moule, puis mets une couche de riz. Tapisse de feuilles d'algues, puis dispose le reste du saumon, l'avocat tranché, puis une seconde couche de riz. Retourne le gâteau sur une assiette, et déguste.

Sous la plage, le seum

À la plage, on se fait toujours remarquer. Moi, mon plan, c'est : griller au soleil d'un côté, puis de l'autre, façon pain perdu. Mes enfants, leur plan, c'est jouer au foot dans la mer en imitant Ibrahimović, regarder le ballon atterrir sur la tête d'un môme, écouter les parents qui me pourrissent, puis finir punis sur leur serviette. Et ça, alors que mes aînés ont 18 ans passés ! Je lance donc un appel public : « Les potes, les mecs, les meufs, venez chercher mes gosses à la plage. Par contre, mettez-leur de la crème solaire sur le dos, je veux pas récupérer des homards, mais mes enfants chéris. »

Astuce

Comment crémer quatre enfants à la plage ? C'est simple : mets-les en rang d'oignon. Tu crèmes le dernier, qui crème le troisième, et ainsi de suite. C'est aussi mignon que rapide !

Anecdote :
Le dernier jour des vacances

Je suis posée sur le sable chaud, quand je reçois un appel de Samuel : « Maman, je crois que j'ai un peu accroché la voiture dans le garage. » Il vient de me gâcher mon dernier jour de vacances, le boloss. Au lieu de faire trempette, je dois prendre rendez-vous chez le garagiste pour vérifier que ma bagnole est en vie. Franchement, je préférais lorsqu'il avait 5 ans et qu'il me criait, sur la plage, qu'il avait envie de faire caca. Au moins, ça m'enfonçait pas déjà la tête à Paris, loin du sable blanc et des parasols.

CHAPITRE 8

Famille de cœur, famille de sang

Mon enfant préféré

Si tu me poses une question, choisis-la bien. Tu risques de ne pas apprécier la réponse. Je suis réputée pour mes avis servis avec supplément sauce piquante. Alors, tu tiens vraiment à savoir qui est mon enfant favori, le chouchou à sa maman ? Avec quatre garçons, j'ai des options. Ils ont été fabriqués dans le même ventre, mais ils ne se ressemblent pas. Mon préféré, loin devant les trois autres, c'est (roulement de tambour) les quatre ex æquo, évidemment ! Bah oui, il n'y a pas de n° 1 parmi mes mômes. On tourne des vidéos YouTube, pas un concours de téléréalité. Je vais pas balancer « Next ! » à un de mes gamins. Ou ça ne va jamais s'arrêter. Ils me font vivre, à tour de rôle, mes plus grandes joies et mes plus grands tourments. Mon lien avec eux est si puissant que je suis incapable de le quantifier. C'est cliché, mais j'assume.

Mais toi, ne te prive pas de les évaluer. Je peux t'aider à les trier. Niveau dépenses : Ethan coûte une fortune en bonbecs et en PS5 ; Sam va te ruiner avec son matériel de dessin et ses fringues ; Ben, il crame toute sa thune en voyages ; Dan, c'est cartes Pokémon et jus de fruits à gogo. Niveau boulot : Sam et Ben, ils bossent à donf ; Ethan, il y a des accélérations de plus en plus fortes ; Dan, il travaille le minimum syndical, faut être très patient. Niveau créativité, beauté et tendresse, c'est match nul. Ils ont été bénis par la même fée, #moi. D'ailleurs, est-ce que ce n'est pas moi, ta favorite ? Chut. Ne dis rien. Moi, je ne veux pas connaître ta réponse.

Le grain de sel des garçons

Le chouchou

Quand on demande à Maman qui est son préféré, elle radote. Elle dit qu'elle n'en a pas, qu'on est tous ses préférés, qu'elle nous aime tous pareil, gna gna gna. Prenons les faits un par un. Qui a le plus de nourriture ? Dan. Qui a le plus de câlins ? Dan. Qui n'est jamais puni ? Dan. Qui elle emmerde le moins ? Dan ! Le résultat est sans appel. Est-ce qu'on a la rage ? Pas du tout. On est aussi victimes de cette p'tite tête de roux. Si tu t'interroges sur notre frangin préféré, en tout cas, le plus mignon d'entre nous, tu connais son nom.

L'écart d'âge parfait

Tu viens de pondre un enfant, ton corps cicatrise de cette guerre, quand on te chante ce refrain : « Oh, il est mignon le premier ! C'est pour quand le prochain ? » T'as envie de hurler. Quand est-ce qu'on vous foutra la paix, à ton utérus et toi ? Vu que tu es (trop) polie, tu réponds vaguement. Mais disons que, comme moi, t'as beau avoir un nourrisson dans les bras, t'as déjà besoin d'être en cloque. Un désir flippant, une pulsion animale, que tu ne t'expliques pas. Ça va arriver, tu veux que ça arrive.

Tu commences à réfléchir au fameux « écart d'âge parfait », pour que ton premier et ton deuxième s'entendent à merveille... En d'autres mots : pour éviter qu'ils s'entretuent. Le risque, avec un petit écart d'âge, c'est que tes mômes aient les mêmes besoins en simultané. Tout sera multiplié. Et avec un trop grand écart d'âge ? Tu ne vas jamais t'arrêter. Ton dernier rentrera au collège quand ton premier partira de la maison. Que faire ? Mon conseil : cesse tes calculs, t'es à l'abri de rien. Que t'aies un seul enfant ou une ribambelle, qu'ils aient deux ou dix ans d'écart, ce sera un séisme. Mon deuxième conseil : jette les avis sur l'écart d'âge à la déchetterie, y compris les miens. Quoi qu'il arrive, il y aura des mécontents. Celle qui va encaisser les galères et les bonheurs, c'est toi, donc écoute-toi.

Question existentielle

A-t-on besoin d'un petit dernier, quand on a déjà des grands ? Réponse simple : on s'en cogne, on fait ce qu'on veut. Grâce aux copines et à la thérapie, on n'attend plus une bonne note de Maman, de Papa, de la prof, de la patronne, du président, pour prendre des décisions. L'approche de la ménopause n'est pas un signe divin pour faire ou ne pas faire d'enfant. Toutefois, sache qu'un petit dernier ne sert pas de « bâton de vieillesse ». C'est lui qui te mettra dans le cercueil. Avant ça, il te renvoie devant l'école primaire, le collège, le lycée, rebelote. N'as-tu pas assez donné ? As-tu envie de retarder ta liberté ? Ou veux-tu rester dans le coup, être à la fois « mamie » et « maman d'un jeune enfant » ? Animer des ateliers pâtes à modeler, avant de visiter des apparts pour tes aînés ? Es-tu prête à vivre entre deux mondes ? À devenir deux personnes ? Avec ces questions, t'es bonne pour une nuit blanche.

Punchline : Être parent de jeunes adultes, c'est accepter… qu'ils prennent ta voiture, et qu'ils la fracassent. Que le frigo soit plein, même s'ils mangent souvent dehors. De les suivre dans leurs objectifs, même quand ils doutent. Qu'ils sortent le soir, même si tu ne dors que d'un œil, comme les chiens. Qu'ils décident de partir en voyage, alors que leur passeport est périmé. De les serrer dans tes bras, mais pas autant que tu le voudrais.

Les mots d'amour

Dès que mes gosses enfilent leurs chaussures, mon cœur rate un battement : et si c'était la dernière fois ? Qu'ils partent au bout du monde ou au bout de la rue, il faut que je les embrasse. Au lieu de me dire « bon débarras », je les retiens dans mes bras. À croire que je suis moitié maso, moitié parano, complètement gaga. Ils sont et ils resteront mes boloss, mes shlags, mes bouffons, mes rois, mes bébés, mes chéris. Je les soutiendrai toujours. Bien sûr, je souhaite qu'ils ne manquent de rien, qu'ils aient de vraies valeurs, qu'ils soient gentils, bienveillants et travailleurs. Mais avant tout, je veux qu'ils aient confiance en eux et qu'ils avancent les voiles pleines. Foncez, les garçons, je serai là pour vous ! Même si vous faites une tête de plus que moi, que vous me gardez la place du milieu dans la voiture (la pire), que vous ne me loupez pas, je donnerais tout pour une minute contre vos épaules. C'est grâce à vous que je suis devenue la maman que je rêvais d'être.

Punchline : Une maman, c'est un individu qui te défonce pour une chaussette qui traîne, mais qui se plie en quatre pour venir te chercher en soirée à 5 heures du mat'.

T'es écœuré de cet océan d'amour mielleux, où flottent des guimauves de mots doux ? J'espère que t'as l'estomac bien accroché, parce que c'est pas fini. Voici le moment où je te décris les qualités de mes fabuleux enfants. Pour t'aider à avaler la pilule rose bonbon, je vais intercaler un défaut. Samuel est volontaire, débrouillard, hyper-fatigant et généreux. Ethan est charmant, doux, maladroit et joyeux. Ben est sensible, vraiment drôle aussi, très susceptible et ultra-serviable. Dan est pugnace, curieux, têtu et partageur.

Le grain de sel des garçons

Petite maman chérie

- **Ethan**
  Maman, c'est une excellente cuisinière, mais surtout une *warrior*, avec de la force et de l'empathie à revendre. Elle n'a qu'un défaut : elle est susceptible, et pas qu'un peu.

- **Ben**
  Notre mère, elle est magnifique, courageuse, très affectueuse… Presque parfaite. Si on ferme les yeux sur sa mauvaise foi. Mais le truc sur lequel elle ne nous roule jamais, c'est la montagne d'amour qu'elle a pour nous.

- **Sam**
  Maman c'est ma reine, mon avocate, ma meilleure amie, ma cheffe privée, ma conseillère, ma styliste et mon modèle de réussite. Mais quand elle a tort, ça devient ma pire ennemie : une mauvaise foi rarement égalée et de grandes mains qui s'agitent, mais avec un brushing toujours parfait !

- **Dan**
  Maman, elle pleure souvent en souriant quand elle m'embrasse… C'est ma maman d'amour.

Anecdote :
Je t'aime plus que tu m'aimes

Pour te faire craquer, les gamins ont trois armes : de grands yeux, des petites mains et, surtout, des expressions plus mignonnes qu'un chaton dans un panier. La preuve, venue de l'époque où mes chéris étaient des minus :

- Sam, devant du foie gras poêlé : « Maman, si c'est du foie gras à poil, j'en veux pas. »

- Ethan, qui en avait marre de répéter ses phrases : « Maman, arrête que je répète. »

- Dan, à la pizzeria : « Maman, j'aimerais une pizza aux marguerites. »
- Ben, en faisant ses devoirs : « Maman, t'as vu comment je sais pas ? »

Lorsque ton enfant est en bas âge, tu t'extasies à deux moments précis : la sieste et le dodo du soir. Il suffit qu'il ferme ses paupières pour que t'aies envie de le manger d'amour, même s'il t'use jusqu'à la moelle pour s'endormir. Tu fermes doucement la porte de sa chambre en murmurant : « Moi aussi, mon cœur, je t'aime jusqu'au ciel, plus loin que le Soleil, bisous mon ange. » Tu remontes le poignet, tu exécutes la *Macarena* en silence, avant que ça crie : « Mamaaaannn ! » Et tu rouvres la porte pour entendre : « Je t'aime. » Tu réponds avec ta voix de faux jeton : « Moi aussi, je t'aime très très fort, bisou chéri, à demain. » Tu refermes, tu serres les dents, tu comptes jusqu'à 100, puis tu te casses sur la pointe des pieds. Faudrait pas le réveiller ! Il est si mignon quand il dort.

Les preuves irréfutables que Maman rêvait d'une fille

J'ai grandi entourée de ma mère, ma sœur et ma grand-mère. Je voulais transmettre cette relation unique entre filles. Celle qu'on appelle, dans les dicos, la « sororité ». Mais le destin m'a fait une belle farce.

Quand j'ai appris que Sam était un garçon, c'est passé crème. J'aurais adoré ce bébé même si c'était un mutant, après mon long combat en PMA. Puis me revoilà enceinte… de deux enfants ! Tous mes fantasmes idiots se sont réveillés. Dans le lot, il y aurait une fille, non ? Des poupées, du maquillage, pas d'épées ni de pistolets. En lisant ces lignes, est-ce que tu penses : « Elle est malaisante, la daronne. Elle s'en fout que son môme ait trois yeux, tant qu'il a les bonnes parties génitales » ? Je me le disais aussi, mais cette envie était chevillée à mon corps. Alors, ça m'a mis un coup quand j'ai découvert que j'attendais deux garçons. Des années plus tard, j'ai choisi d'avoir une petite dernière. Lorsque mon gynécologue, à deux mois et demi de grossesse à peine, m'a annoncé que c'était un gars, j'ai fondu en larmes. Depuis, le temps a passé sa pommade, et j'ai fait mes adieux à cette fille idéalisée, nommée Julia ou Stella. Je l'ai assez dit : tous mes garçons et moi, on est très heureux ensemble. Toutefois, tu sais ce qui me tarde ? De rencontrer mes belles-filles !

Le grain de sel des garçons

Un* prank *chelou

Un jour, Maman nous réunit : « Il y a un truc dont j'ai très envie, c'est d'une petite fille. J'en ai marre de vos poils, de vos rots, de votre odeur. » Avec nous, ses gosses, elle va voir plus de stades de foot que de salons de coiffure. On est choqués, ça l'arrête pas : « Je suis enceinte. De deux mois. Je m'y attendais pas. C'est la cigogne, le chou-fleur, la rose, tout ce que vous voulez. Point barre. » Ben s'étouffe et Sam a la mâchoire au sol. Malgré notre crise cardiaque collective, son délire continue : « Ce qui compte, pour moi, c'est qu'on choisisse le prénom ensemble. » Ethan, jamais en stress, répond « Priscillia ». Sérieux ? Ben essaie son pseudo Tinder « Grizman Bappé ». Sam, dans le déni, propose « Clitorine ». Maman le met K.-O. « Clitorine ? C'est original. J'adore. Allez, salut ! » La master class du *prank*.

Belles-mères, belles-filles

Avec deux mariages, j'ai eu deux belles-mères extraordinaires. Auprès de ces femmes incroyables, j'ai expérimenté de nouvelles manières de materner et de prendre soin des miens, avec tendresse. La première a dit à ma mère : « Vous avez fait la fille que je n'ai pas eue. » Dans ses yeux, je devenais un ange tombé du ciel. Perso, je ne connais pas de regard plus doux. Ma belle-mère actuelle, Nicole, est devenue une amie avec qui prendre un verre, une confidente, une deuxième maman. Elle a même ma photo dans son portefeuille, à l'ancienne ! Je n'hésite pas une seconde pour dire et écrire que je l'aime d'amour.

Lettre à mes belles-filles

Chères vous,

Je vous réserve un accueil chaleureux et tendre, car je vous ai tant attendues. À mes côtés, j'espère que vous ne vous sentirez jamais comme des pièces « rapportées » ou « ajoutées », mais plutôt « adoptées ».

Est-ce que vous cuisinez ? Si vous le désirez, je vous transmettrai mes recettes, et on concoctera les vôtres à quatre mains. Est-ce que vous aimez vous maquiller et vous coiffer ? On pourra se confier nos secrets beauté. J'ai hâte de ces moments complices devant le miroir. Est-ce que vous rêvez de virées shopping ? Je vous embarquerai avec moi, vous serez gâtées comme si vous étiez mes propres filles. Ou alors, si ce n'est pas votre passion, on ira se boire un café en terrasse, comme ça, pour le plaisir de se retrouver.

Je serai présente pour vous, sans être intrusive. Peut-être que je vous donnerai quelque chose qui vous manque dans vos familles, peut-être que c'est vous qui me ferez ce cadeau. Est-ce que vous voulez des enfants ? Je serai là pour vous aider. Raphaëlle la mamie, à votre service ! Quoi qu'il arrive, quand la vie vous mettra sur mon chemin, je vous promets des rires et des larmes de joie, des instants précieux et magiques.

Je vous embrasse comme je vous aime déjà, très fort.

Raphaëlle, la belle-maman

Des amies toute la vie

Mes plus anciennes amitiés remontent à mes 9 ans, et mes plus récentes ? Elles datent de… maintenant ! Ma famille de cœur n'a pas de limites. Que tu sois une amie de toujours ou que tu viennes d'arriver sur ma route, tu trouveras ta place. Attends-toi à rencontrer du monde. J'adore rassembler et fédérer mes amies. Le seul danger, c'est que leurs énergies ne matchent pas. Et alors ? Elles repartiront quand même en ayant mis le pied dans un autre univers. Mais si ça prend, là c'est magique. Un véritable feu d'artifice, à base d'éclats de rire, de vocaux tard dans la nuit et de textos avec des cœurs.

Dans ma famille choisie, il y a d'abord mes proches. On s'est aidés à grandir, on a poussé ensemble comme des racines. Puis il y a les nouvelles rencontres. Elles me donnent des ailes pour explorer de nouveaux horizons. Quelle chance d'avoir les deux, des racines et des ailes ! C'est carrément leur faute si je répète, 100 fois par jour : « Je suis contente. »

Punchline : **De la maternelle à la retraite, garde ta porte ouverte à l'amitié. T'es jamais à l'abri d'une belle rencontre.**

CHAPITRE 9

Embrouilles, clashs et sujets qui fâchent

Péter un plomb et tout plaquer

Les enfants, ça ressemble à des Kinder Surprise : on ne sait pas sur quoi on va tomber. Après avoir retiré la jolie enveloppe en aluminium et ouvert l'œuf en chocolat, tu te retrouves avec une capsule jaune impossible à ouvrir sans te blesser. Quand tu l'as défoncée, tu découvres soit un objet parfait, qui tient debout sans aide, soit une espèce de machin en pièces détachées. Tu verses des litres de larmes et de sueur pour le monter. Malgré la notice, tu réessaies plusieurs fois. Mais comment fonctionne ce jouet maudit ? T'as une seule certitude : il va traîner partout dans ta maison. Le problème, c'est qu'il t'a jeté un sort. Même avec sa gueule de cassos, tu l'aimes d'un amour insensé. T'es bon pour le garder jusqu'à ton dernier souffle ou, pire, démarrer une collection avec d'autres Kinder. D'ailleurs, sais-tu que ce mot signifie « enfant » en allemand ?

Bêtisier n° 1 : Ils auraient pu accumuler les Lego, les coquillages, les plumes de pigeons, les papillons morts, j'aurais fermé les yeux. Mais non, mes gosses, ils amassent surtout les conneries.

- Faire pipi dans le bac à jouets.
- Graver un zizi sur la voiture, avec un cœur au bout.
- Dessiner une fusée sur les murs de l'appart, le jour du préavis.
- Mettre ses doigts dans le taille-crayon pour les rendre pointus.
- Ramener une bouteille de Malibu à l'école parce que « ça sent bon ».
- Nettoyer un pot à caca avec ta brosse à dents.
- Cacher un camembert dans sa classe, et attendre une semaine.
- Personnaliser tes plantes avec un perforateur.
- Taper dans le gâteau d'anniversaire réservé aux invités.
- Inonder la cuisine de sirop pour voir débarquer les fourmis.

Avec quatre garçons, je suis vite poussée à bout. Dès que je me lève, je mets le pied dans un truc mouillé. C'est pas une fuite d'eau, mais un de mes gosses qui a refait le sol des chiottes dans la nuit. « Désolé, Maman, j'étais encore endormi. » Eh bien moi, quand j'ai marché dedans, ça m'a bien réveillée. Ensuite, j'essaie de leur demander de faire une ou deux tâches ménagères. Grosse erreur : ils se renvoient la balle, à base de « moi, j'ai fait ça et ça et ça, mais pas lui ». À l'heure actuelle, je les appelle par leurs prénoms complets : « Ben » se change en « Benjamin », « Sam » se transforme en « Samuel »... Puis ma voix monte, mes joues deviennent rouges, et ma famille se tourne vers moi, hallucinée. Ils sont à deux doigts de me faire vacciner contre la rage. Alors, la prochaine fois que je sors du lit, je remplis mes valises, je refais mon passeport et je passe le *check-in* d'un vol pour Tokyo. J'aurai le temps de me calmer, tandis qu'eux pourront enfin lever l'abattant des toilettes.

Le grain de sel des garçons

Quand Maman voit rouge

- **Ethan**
  Une fois, Ben est arrivé à la maison trois heures après la fin des cours. Maman était tellement inquiète ! Quand il est rentré, il s'est pris un savon qu'il n'est pas près d'oublier...

- **Ben**
  Un jour, j'étais sous la douche quand j'ai entendu la *madre* hurler si fort que j'ai cru qu'on était en train de se faire cambrioler. Mais, en fait, c'était à cause des pieds d'Ethan qui étaient devenus tout bleus, couleur fin de vie. Elle l'a direct emmené chez le docteur, en se préparant à éjecter de la salle les patients d'avant.

- **Samuel**
  Un jour j'ai failli faire cramer la maison en mettant un papier sur une ampoule cassée. Il y avait des invités, mais Maman ne s'est pas gênée pour me crier dessus : j'ai eu la honte de ma *life* et 500 lignes à recopier... Ça m'a pris une semaine !

Traduction parent/ado

Quel est le secret le moins bien gardé, pour prendre soin d'une relation ? La com-mu-ni-ca-tion. À force de l'entendre, on voudrait se la fermer jusqu'à la fin du monde. Parler en cherchant les bons mots et écouter les autres attentivement, c'est très long et très chiant. Pourtant, ça peut fonctionner avec nos amis, nos partenaires, nos parents, nos frères et sœurs, et, évidemment, avec nos enfants. Il y a juste un hic : lorsque tes gosses deviennent ados, tu ne les comprends plus et ils ne te comprennent pas non plus. Moi, j'étais à deux doigts de croire que les hormones avaient bousillé leur cerveau. La preuve ? La transition de mon surnom. Tout petits, ils prononçaient « mama », puis « maman », qui est devenu « hey, m'man », pour finalement m'appeler « frère » ou « lui ». Ils auraient pu choisir « notre reine », « la lionne », « ma star », « cheffe ». Au lieu de ça, ils bafouillent « Qu'est-ce qu'elle a, lui ? » pour me demander « Comment ça va ? », ou m'appellent « ta mère » quand ils parlent de moi entre eux. Les premières fois, j'ai failli composer le numéro des urgences pour déclarer une série de traumas crâniens.

Le grain de sel des garçons

Darons LV1

Les darons et les daronnes, ils balancent les mêmes punchlines qui tapent sur les nerfs. Tu les as entendues 1 000 fois et nous aussi :

- Quand t'allumes une pauvre ampoule : « C'est pas Versailles ici ! »
- Quand tes amis ont la nouvelle PlayStation, et pas toi : « L'argent tombe pas du ciel. »
- Quand ton pote roule en scooter, et pas toi : « Et s'il saute du cinquième étage, tu le suis ? »
- Quand tu crèves la dalle : « T'as faim ? Mange un yaourt. »
- Quand t'as le malheur d'être honnête : « Je suis pas ta copine/ton copain. »

- Quand tu sors avec un pote : « Tu vas où ? Avec qui ? Il travaille bien à l'école ? Ses parents ils font quoi ? »

- Quand t'as eu 6 sur 20, comme tous tes camarades : « Je m'en fous de la moyenne de la classe ! »

- Quand il y a encore de la soupe au menu : « Mange, ça fait grandir. »

- Quand ils se croient dans une baston : « Regarde-moi quand je te parle. »

- Quand t'as une tenue trop stylée : « Tu comptes sortir comme ça ? »

- Quand t'enchaînes trois soirées de suite : « C'est pas l'hôtel, ici ! »

Recoller les morceaux

Certaines disputes débutent en s'envoyant des Playmobil à la figure. Tu dois mettre ta robe de juge pour réparer les dégâts, au milieu des cris perçants. Tu assistes à des plaidoiries passionnées, à base de « c'est pas juste » et de « c'est lui qui a commencé ». Tu départages du mieux que tu peux, jusqu'à ce que le calme revienne. Souvent, la crise passe. Mais, parfois, il y a des silences musclés qui éloignent tes enfants les uns des autres. Vous vous retrouvez cinq, six, sept ans plus tard, avec des frères ou des sœurs qui ne se disent plus un mot. Quand ils doivent s'adresser la parole, t'as l'impression qu'ils marchent en terrain miné. Et quand ça pète, toute la famille en prend plein la gueule. Pour désamorcer la situation, tu vas pas t'improviser démineur. Tu prends rendez-vous chez un pro : un thérapeute familial.

Conseil

Tes parents ne sont jamais allés chez le psy ? Ou ils ne t'y ont jamais emmené ? Une bonne raison pour casser le schéma familial. Quand tu te décides, ne te décourage pas. On tombe rarement sur le thérapeute qui nous correspond du premier coup. Demande à tes amis leurs recommandations. Tu seras surpris de découvrir qu'ils sont nombreux à y aller ! Teste les thérapeutes et, si le courant ne passe pas, change sans hésiter. Pour que ça fonctionne, c'est essentiel que tu sois à l'aise. C'est vrai que le prix d'une consultation n'est pas donné, entre 50 et 70 euros en moyenne. Mais tu peux t'inscrire en CMP (centre médico-psychologique), où les séances sont gratuites bien que la liste d'attente soit longue. Ou passer par « Mon soutien psy », un dispositif public qui rembourse jusqu'à 60 % du montant d'une douzaine de séances, chez des psychologues partenaires de la Sécurité sociale.

Je ne crois pas à la formule « il faut laver son linge sale en famille ». Le résultat ? C'est qu'au fil des années, il y a des tas de fringues crades qui s'accumulent, des couleurs qui se mélangent avec du blanc, et des tee-shirts en boule qui restent au fond du bac. T'as la tête trop pleine pour tout nettoyer et ce sera jamais aussi clean qu'au pressing. Bon, pour les vêtements, on s'en cogne. Pour tes relations et ta santé mentale, c'est une autre affaire. Si tu veux que chacun s'épanouisse sans avoir l'impression d'être oublié, si tu veux éviter les guerres intempestives, il n'y a qu'un psy qui va pouvoir t'aider. Attention, ne t'attends pas à des miracles. Il n'existe pas de formule où, après cinq séances, vous sortez en batifolant la main dans la main. Ça demande du taf, une thérapie. Mais c'est un meilleur investissement qu'un livret A : quand viendra ton heure, le moment où tu devras partir, t'auras fait ton maximum pour que tes petits restent soudés.

Bêtisier n° 2 : Qu'est-ce qui fait encore plus de bêtises qu'un enfant ? Un ado ! Plus inventif, plus emmerdant.

- Fumer du persil et du basilic, pour voir.
- Mettre les chèques de cantine sur son compte pour se payer les baskets de ses rêves.
- Planquer des pétards dans le conduit d'aération de la salle de karaté.

- Mettre de l'eau dans la bouteille de pastis pour cacher qu'il en a bu la moitié.
- Jouer à couper sa respiration pour tomber dans les pommes, avant un examen.
- Mentir en disant qu'il file à une « soirée pyjama », alors qu'il se rend à la fête d'un mec de dix ans de plus qu'il ne connaît pas.
- Voler dans mon porte-monnaie.
- Lancer des œufs sur la fenêtre de son pire ennemi.

Les pieds dans le plat

La mort, la sexualité, le divorce, l'addiction, la violence, le racisme, la maladie, la dépression, le harcèlement... C'est pas la *guest list* des Enfers, mais un échantillon des sujets sensibles qui peuvent mettre un parent en PLS. Pourtant, la vie ne va pas attendre notre « bon pour accord » pour confronter nos enfants à ces questions. En gardant le silence, tu ne protèges par leur innocence. Tu te tires une balle dans le pied : lorsqu'ils vont découvrir la réalité, tu ne seras plus fiable à leurs yeux. Je te dis pas d'être trash, mais :

- D'utiliser le vrai nom des choses au lieu de les enrober.

- De te montrer honnête. Si t'as pas la réponse, dis-le, et propose à ton enfant de revenir vers toi plus tard ou d'aller consulter ensemble les bonnes ressources (que ce soit des professionnels, des bouquins, une émission, etc.).

- D'exprimer tes ressentis (en les nommant : « Ça me fait peur », « ça me rend triste », « ça m'énerve »), avec une voix sereine et rassurante. Ton gamin se sentira autorisé à partager, en retour, ses émotions.

- D'attendre un moment adapté, au calme. Sors pas tout d'un bloc au repas de Noël, à moins que tu veuilles servir un trauma des familles.

N'hésite pas à activer ton troisième œil de parent, celui qui perce le « voile » des demi-phrases des mômes. Quand t'as l'impression qu'un truc déconne, que leur « ça va » manque d'enthousiasme, creuse un peu. S'ils t'esquivent, fais-leur passer ce message : ta porte reste ouverte pour eux. Même si tu es occupé, tu t'arrêteras pour les écouter quand ils en auront besoin. Sinon, tu ne seras plus dans la boucle, contrairement à leurs potes ou à ChatGPT.

Anecdote : Dirty livreur

J'ai terminé les courses, et je rentre chez moi pour attendre le livreur. Je commence à ranger la cuisine, quand j'entends un bruit, deux bruits. Mon cerveau bugge, avant de comprendre qu'un de mes fils est en très bonne compagnie. Super-gênée, je file m'enfermer dans ma chambre. Ça va durer combien de temps ? Faut que je m'occupe, ils vont pas m'envoyer un texto au moment du *happy end*… Je scrolle sur mon téléphone pour me distraire, sauf que là, qui sonne ? Le livreur. J'entrouvre la porte, j'arrache les courses et je balance les packs d'eau. Quand le livreur se casse, je tends l'oreille. Merde, ils sont encore en train de s'amuser… Le temps de ranger les surgelés et je fugue de chez moi. Pendant ma promenade forcée, j'ai préparé ce que j'allais dire à mon fils le soir : un *dirty talk*, mais pas du même style que celui de son invitée de midi.

Plan cash

Tu veux faire rentrer dans le crâne de tes ados que les préservatifs, c'est indispensable ? Je te livre ma leçon « Pourquoi dois-tu te protéger pendant un rapport sexuel ? » :

- Pour ne pas avoir quatre gosses, comme moi, qui s'embrouillent du matin au soir.
- Pour éviter qu'une pustule pousse sur ton abricot ou ton aubergine, ou de choper une maladie style sida (y a pas de vaccin), car tu es tombé sur un charo.
- Parce que c'est gratuit pour les moins de 26 ans, dans les pharmacies et sans ordonnance. T'as plus d'excuses.
- Parce que tu dois montrer l'exemple. Tu partages ces conseils avec tes frères, ta tante, ta cousine par alliance, qui tu veux.
- C'est pas fini : n'oublie jamais de vérifier le consentement de ton ou ta partenaire. Et si la réponse est « non » ? Tu remballes ton attirail. Même si c'est au milieu du rapport, même si t'as mis ton boxer à 40 euros. « Non » c'est « non » (si t'as deux neurones qui se touchent, t'as compris). Pas de réponse ? C'est non aussi. Et un mini « oui » incertain, alcoolisé, fatigué ? *Nope*, niet, *nada*. Mais un grand « oui », joyeux et sobre ? *GO*. Sors les préservatifs !

À la minute où ton gosse entre à l'école, il va se frotter au harcèlement, que ce soit en tant que spectateur, victime, complice ou agresseur. Il peut changer de rôle, plusieurs fois. C'est un phénomène omniprésent, dans l'enseignement privé ou public. Il y a toujours un prétexte pour s'en prendre à quelqu'un : trop beau, trop roux, trop gros, trop poilu, trop noir, trop pauvre, trop coincé, trop bigleux, trop intelligent, trop bête... Le harcèlement n'est pas *picky*, il tombe sur n'importe qui. Il s'appuie sur trois rouages : la volonté de faire du mal, le caractère répétitif des violences (sur des jours, des semaines, des années), le déséquilibre des forces (les harceleurs sont soutenus par l'effet de groupe et la victime est isolée).

Si tout le monde peut être harcelé, tout le monde peut devenir harceleur. Souviens-toi de la cour de l'école : tu te rappelles quand tu te moquais de quelqu'un, avec les autres ? Lorsque tu riais avec eux ? Ou, juste, quand t'évitais de t'en mêler ? C'est pas du passé pour les victimes. Elles peuvent se trimballer des troubles pendant de longues années, même quand leur calvaire ne finit pas au JT. Alors, vous, parents ou jeunes, qui êtes témoins de harcèlement, signalez-le à un référent de confiance : un prof, d'autres parents, le ou la CPE... L'essentiel, c'est de faire réagir les autres pour stopper ce fléau.

Bien sûr, parler n'est pas une solution parfaite. Parfois, on est contraint de prévenir la direction de l'établissement, de faire intervenir des associations ou de porter plainte. Prendre la parole, c'est un premier pas. Quand on est face à des adultes compréhensifs et que le harcèlement n'a pas encore été trop loin, ça peut marcher tout de suite. Quand Dan, mon dernier, a été harcelé à cause de ses cheveux roux, j'ai appelé les parents directement. Ils ont été à l'écoute et, avec leur enfant, ils ont même tourné une vidéo d'excuses. Le lendemain, c'était de l'histoire ancienne. J'ai eu de la chance, mais je me suis engagée à 100 % pour faire de la prévention contre le harcèlement.

Conseil

Victime ou témoin de harcèlement ? Voici des associations qui aident à lutter contre ces violences :

- Marion la main tendue : marionlamaintendue.com, 01 69 30 40 14, et l'application Kolibri.
- Association Hugo ! contre le harcèlement à l'école : asso-hugo.fr.
- Le programme Phare : 3018 et e-enfance.org.
- En bonus : *TKT*, un film de Solange Cicurel, à voir absolument.

Le grain de sel des garçons

Stop !

- **Ethan**
  J'ai déjà vu un de mes camarades accepter de se faire harceler, pensant que c'était son seul moyen de réussir à s'intégrer au groupe. La situation était délicate, mais j'ai quand même tenu à faire comprendre aux harceleurs que le harcèlement n'est ni normal, ni drôle.

- **Ben**
  On a toujours une part de responsabilité, et ça a été d'autant plus le cas pour nous, quand on est devenus animateurs. À mon sens, l'effet de groupe est un véritable poison, souvent porté par un leader qui en profite. Tout le monde devrait se sentir concerné par la lutte contre le harcèlement : se taire, c'est être complice. Si tu connais quelqu'un qui est victime de harcèlement, il faut absolument l'aider.

- **Samuel**
  Quand on est mono, on a aussi une responsabilité : on doit aller vers les enfants les plus seuls et timides. Tout le monde est responsable.

PARTIE 3

Entre femme et mère,

trouver l'équilibre

CHAPITRE 10

Mon corps
dans tous ses états

Ma féminité, entre gloss et peintures de guerre

L'année de mes 9 ans, mon père est parti de la maison. Cet homme, que j'aimais très fort, a continué d'occuper une place dans mon cœur, sans être à mes côtés. Je raconte pas ça pour sortir les violons, mais parce que son départ a marqué une nouvelle ère : celle de la moquette dans les toilettes. Ma sœur et moi, on faisait notre affaire les pieds dans un nuage moelleux, jamais détrempé par le tuyau d'arrosage d'un mec. On a grandi en imitant ma mère et ma grand-mère, deux femmes fonceuses et entreprenantes, des guerrières badass, pomponnées jusqu'au bout des ongles et qui sentaient le parfum à 10 km.

Ma féminité s'exprime à travers ce cocktail d'audace et de coquetterie, auquel j'ajoute une grosse dose d'humour et de lâcher-prise. Même si je sors chercher mon pain en pyjama, les plis de l'oreiller en guise d'eye-liner, j'adore m'apprêter. À quoi ça sert ? À me pomponner, me plaire à moi-même, me mettre à l'aise et rayonner sur le monde telle une princesse Disney… qui ne parle pas aux animaux. Qui n'a pas de royaume. Qui avait déjà trois mômes avant de rencontrer un deuxième prince charmant. Qui se trimballe avec un hydratant à lèvres au lieu d'une couronne. Donc, mieux qu'une princesse Disney, une *queen* indépendante (pendant que je me lance des fleurs, n'hésite pas à le faire pour toi aussi : un peu d'amour-propre, ça fait du bien et c'est gratuit).

Astuce de survie

Pour une invasion de zombies ou une explosion nucléaire, il y a le « catakit » (le *bug-out bag* des survivalistes) rempli de conserves et d'allumettes. Pour les urgences de tous les jours, emporte un hydratant à lèvres, un Tampax et des cure-dents. Si un zombie te pourchasse, tu pourras l'aider à retirer les bouts de cervelle de ses molaires.

Une femme, pour moi, c'est quelqu'un qui est tourmenté par la question de la maternité. Est-ce que tu veux être enceinte, ou pas ? Est-ce que ce désir te dévore, ou non ? Combien d'enfants, avec qui, comment ? Plus les années passent, plus on te pose ces questions, plus tu flippes du temps qu'il te reste pour y répondre.

Ensuite, si tu te lances, inutile de te tatouer le prénom de tes petits amours. Des souvenirs d'eux, tu vas en garder : les vergetures sur le ventre, les cicatrices de césarienne, les dents en moins, les racines blanchies et les rides, merci. En revanche, s'ils veulent graver « Maman *forever* » sur leur cœur, laisse-les faire.

Mon secret de beauté : la fugue

Quand t'es maman, tout le monde veut un petit bout de toi. En famille ou au boulot, t'es cernée par des cannibales. Alors, si c'est possible, échappe-toi pendant une heure, un après-midi, une journée ou un week-end. Pas besoin d'inventer des prétextes extraordinaires ! Dis « merde » aux courses et aux enfants, puis pose-toi avec un verre. Pour profiter de ce luxe, coupe ton téléphone et ne précise à personne où tu vas. Tout le long de ma vie de maman, j'ai pratiqué cet art de la fugue. Chaque semaine, je disparais dans des jardins secrets. Je reviens ressourcée, de nouveau disponible pour mes fils, mon mari et mon travail. Ces escapades de femme, c'est pour le bien général.

Conseil

Avant de devenir maman, j'aurais aimé connaître ces dix infos :

- Tu ne vas pas « donner la vie », c'est ta vie à toi que tu vas donner.
- Les bébés, c'est VRAIMENT beau et tendre.
- Tu seras droguée à l'odeur des bébés. Ça sent si bon… quand ils sont propres.
- Les enfants, ça pue. Tu vas passer ton temps dans leurs narines, leurs oreilles, leur cul même !
- Une mère, ça ne dort que d'un œil.
- Tu vas traîner tes mômes toute la journée.
- Tu vas traîner ta fatigue toute la journée.

- Tu ne vas plus pisser en entier, faudra retenir les dernières gouttes pour filer interrompre les conneries de tes mômes.
- Tu deviendras la championne des Tampax : trois secondes et demie pour les mettre.
- Pour financer le père Noël, les cloches de Pâques, les fantômes d'Halloween ou la petite souris, tu feras un crédit à la consommation.

La première et la dernière goutte de sang

Je suis née équipée d'un utérus. Donc, banco : comme beaucoup de personnes dans le monde, je suis menstruée. J'ai mes ragnagnas, mes ours et mes coquelicots, et ce depuis plusieurs dizaines d'années, donc plusieurs milliers de jours. Mais j'ai aussi une bonne étoile : mes règles n'ont jamais été ultra-douloureuses, contrairement aux trop nombreuses personnes qui souffrent d'endométriose, entre autres.

Je me rappelle parfaitement la première fois que j'ai vu rouge. Plantons le décor : j'ai 13 ans et demi, je suis en Angleterre pour un séjour linguistique. Je « chille » dans ma famille d'accueil quand, soudain, j'ai l'impression de me prendre un coup de poing dans le bide. J'ai si mal qu'on me file une aspirine, un médicament qui fluidifie le sang. Me voilà à saigner en abondance, comme un pauvre animal blessé. Mon souvenir se coupe ici, *so chic.* Peut-être que la mère de famille m'a dit « You're a woman, now », mais je penche plus pour « You're in deep shit, now ». Parce que la promesse des règles, c'est porter des serviettes hygiéniques qui collent aux cuisses ; découvrir les tampons en priant pour éviter le choc toxique ; pisser le sang au pire moment et courir aux toilettes pour enrouler un matelas de P.Q. dans ta culotte. Confort triple épaisseur.

Astuce sympathie

Dans tes toilettes, garde trois ou quatre tampons et serviettes hygiéniques, accessibles et visibles. Tu gagneras des points de BA (bonne action, pour les intimes) et tu sortiras de l'embarras un paquet de nanas qui passeront sous ton toit.

À mon âge, les scènes de crime dans le slip s'espacent. Mes règles reviennent et repartent en zigzag. Mais, paradoxe temporel, la cinquantaine me plonge dans une deuxième puberté. Son autre nom ? La périménopause. Une période charmante avec de l'acné (je déteste me retenir d'éclater des chtars), des sautes d'humeur (de l'envie de teuf à l'envie de te pendre), des troubles du sommeil (qui se retourne 20 fois dans son lit, façon viande à kebab ?), puis encore des bouffées de chaleur, des douleurs musculaires et articulaires, un assèchement des muqueuses, une libido en chute libre... et le pouvoir de grossir rien qu'en reniflant un pain au chocolat.

Conseil

Souvent, les soignants attendent que les femmes traversent une année sans règles avant de prendre en charge les symptômes de la ménopause. Mais on peut commencer à les traiter dès la périménopause. Ce n'est pas une fatalité de mal vivre cette période. Il y a de nombreuses possibilités pour te soulager. Que ce soit des médicaments, de la naturopathie, une activité physique, etc. De mon côté, j'ai mis en place de nouvelles habitudes : éviter les farines blanches, reprendre le sport ou encore faire des siestes... parfois crapuleuses.

Motherhood, la métamorphose

Ma première grossesse a d'abord eu le goût de la liberté, puis celui de l'émerveillement. Après le purgatoire de la PMA, j'attendais enfin un enfant ! J'admirais mon ventre qui s'arrondissait de mois en mois, comme si sa seule limite était l'horizon. J'étais fascinée à chaque fois que le petit corps qui grandissait en moi soulevait des vagues sous ma peau tendue.

Punchline : Je ne comprends pas pourquoi mes deux choses préférées dans la vie sont « être AVEC mes enfants » et « être SANS mes enfants ».

Mes deux autres grossesses ont été aussi incroyables. Même si, ne nous mentons pas, porter des jumeaux, ça pèse. Vers la fin, mon ventre gigantesque m'empêchait de me déplacer ou de m'allonger confortablement. Je dormais semi-assise, soutenue par un paquet d'oreillers. Ma chance, c'était de n'avoir ni hypertension artérielle, ni nausées phénoménales, ni diabète gestationnel, ou autres « cadeaux de naissance » du destin. Je ne me suis pas non plus transformée en ogresse – engloutissant des kilos de fraises à la chantilly – ou en chat capricieux – boudant mon assiette si les légumes frôlaient la viande. C'est sans doute parce que j'avais déjà des fringales bizarres, avant d'être maman. Je peux devenir accro à un aliment pendant un mois, comme s'il était saupoudré d'arcs-en-ciel, puis m'en sevrer soudainement, comme s'il avait mariné dans le vomi. Tu vois, j'ai pas attendu de tomber enceinte pour être, disons, originale.

Sexo *tips*
T'es enceinte, et t'es plus chaude que le cul de Satan ? Tes idées sulfureuses créent de la vapeur dans tes dessous en dentelle ? Ou, au contraire, tu préfères rester à température ambiante, enveloppée dans un pyjama pilou-pilou, au fond du lit avec une tisane ? Quelle que soit ta situation, pas de pression. C'est les hormones qui décident si t'as la dalle de sexe ou pas. Ton partenaire sera peut-être surpris, peut-être déçu, on s'en tamponne. C'est à lui de se faire une raison. T'as déjà assez à gérer, non ?

Mes accouchements se sont passés crème. Mes gamins ont glissé direct dans leur berceau, comme des lettres à la poste. Zéro douleur, zéro trouille. Tu me crois pas ? T'as raison. Samuel, mon premier, ne voulait pas sortir le jour J. Son père et moi, on pensait qu'il prolongeait ses vacances dans mon utérus. La vérité, c'est qu'il était sur le point de crever : le cordon ombilical s'était enroulé autour de son cou. Les médecins, les infirmières, les sages-femmes, tout le monde s'est magné le cul pour m'envoyer sur la table d'opération. Sous les projecteurs des lampes d'examen, ils m'ont « césarisée ». Mais, au lieu de me remettre le prix de la révélation féminine, ils m'ont ouverte en deux. Quinze minutes plus tard, ils me calaient mon bébé entre les bras. J'étais sur un petit nuage : j'avais la preuve que j'étais bel et bien maman… et que l'anesthésiant fonctionnait encore. Tant mieux, car j'avais dû serrer les dents pour accepter la péridurale. J'en ai une peur panique. Malheureusement, ce n'était pas en option. Pour ma deuxième césarienne, ma mère m'a rassurée, pour la troisième, l'infirmière me tenait. Sans elles, j'aurais pris l'aiguille pour la planter dans le médecin le plus proche, avant de me barrer vers la sortie.

La naissance de Sam, ce n'était que le début des frayeurs. Lorsque Ethan est venu au monde, il n'a pas fait un bruit. Dans ce silence de mort, j'étais hyper-stressée. Est-ce qu'il était muet ? Est-ce qu'il était vivant ? Est-ce qu'il se prenait déjà pour un mec mystérieux ? Pour l'aider le chirurgien lui a mis une claque et le petit s'est mis à hurler. Ouf, il était fonctionnel. Deux minutes après, Ben avait eu le tuyau : il est arrivé en gueulant. On l'a posé sur mon épaule pour qu'on fasse connaissance et il m'a offert tout ce qu'il avait : un beau caca, rien que pour moi… Ça annonçait la couleur. Ensuite, les soignantes ont mis mon merdeux en couveuse, afin qu'il prenne des forces pour continuer son œuvre plus tard. Il me tardait quand même de récupérer mes petits poulets contre moi.

Quant à la naissance de mon dernier, Dan ? C'était interminable : il a fallu rouvrir la cicatrice de ma précédente césarienne, point par point, délicatement. En bonus, après l'opération, on m'a posé un drain. Si tu veux des détails, mate n'importe quel film gore.

Punchline : Je ne connaissais pas vraiment la peur ni vraiment l'amour avant de tenir pour la première fois mon fils dans mes bras. C'est le moment où, moi, je suis devenue adulte.

Pour évoluer en mère, ton corps se change en hôtel cinq étoiles, puis tu dois faire sortir les résidents par le trou de la serrure, avant d'ouvrir un bar laitier au milieu des gravats. Et cette étape-là, celle de l'allaitement, ça a été ma limite. Il y a des nanas qui s'épanouissent dans ce job, moi, ça a tourné au cauchemar. J'ai tout tenté durant un mois avec mon aîné, accompagnée par une conseillère en lactation. Puis, j'ai dit « ciao » à la douleur et « hello » au biberon. Mes autres enfants ont eu la tétée de bienvenue, en mode « tu les as vu mes *boobs*, eh ben tu les verras plus. »

Une chanson

À force de tenir le rôle de Blanche-Neige avec mes quatre gosses (en ressenti, j'en ai plutôt sept), il m'arrive de chanter :

« Un jour, mon tour viendra,
*Un jour, je me baladera**
À poil dans ma maison, tranquillement.
Plus de sortie d'école pour Maman.

Quand mes enfants, un jour,
Partiront, mes amours,
Les lessives stopperont,
Les siestes dureront,
Les séries, sous la couette,
*Un jouuuur**. »*

* Cette faute d'orthographe est une licence poétique, prise dans une maison sans enfant et sans devoir de français à corriger.

** Célébrons aussi la fin du stade de foot, l'ivresse le samedi, la fin de la cuisine tous les soirs et les courses avec un seul panier. Mince, on va se faire chier comme des rats morts. Non, je déconne !

Anecdote : Le nid vide

En 2025, Samuel a quitté le cocon familial. Ce garçon débrouillard, curieux et manuel, qui ne tenait pas en place ; cet ado maladroit mais ambitieux, au caractère bien trempé qui nous a embarqués avec lui dans ses rêves, a décidé de prendre son envol. Ses frères m'ont demandé : « Enfin, pourquoi il reste si près ? » Car Sam a emménagé… au bout de notre rue. Moi, ça me semble déjà loin, du moins pour le début. Tu le sais, mon Sam, mon Baggy Dessine, que je suis à deux pas pour te préparer des petits plats, faire quelques machines, ou boire nos cafés ensemble. Je serai toujours au rendez-vous. Mais, une chose est sûre : depuis ton départ, la maison est plus calme, plus propre et plus paisible. C'est pas moi qui le dis, ou plutôt pas que moi, c'est unanime ! Comme le fait que ton désordre nous manque aussi, parfois.

Le poids, mon copilote

Que je perde du poids ou que j'en prenne, les kilos restent dans ma tête. Mes neurones sont formatés à me mettre le seum depuis l'adolescence : le croissant que je croque le matin, j'y pense toute la journée. Je suis loin d'être unique. Comme beaucoup de femmes, j'ai été encouragée à faire des régimes en série, *ad vitam æternam*. À faire le yo-yo, avec des pics d'espoir et des gouffres de mal-être. Pourtant, de temps en temps, je ferme le clapet du comptable des calories, qui voudrait que je bouffe de l'air. La partie est loin d'être gagnée, mais je m'accroche. Je m'autorise à dévorer la vie à pleines dents. Oui, quand je me sens gonflée, ça me fait vraiment chier, mais j'arrive à le dépasser. Je travaille pour m'aimer telle que je suis aujourd'hui, afin d'accepter qui je serai demain.

La périménopause ne m'aide pas. Elle veut me sculpter une silhouette écrasante avec un ventre rebondi, des cuisses épaisses et des muscles qui fondent. Je négocie avec elle fermement : pas de gluten, pas de lactose, pas de bière… Heureusement, je sais tout envoyer valser, avec du foie gras poêlé, un plateau de fromages, un verre de vin et un peu de salade verte ! Arrêtons de nous pourrir la vie avec le *summer body*.

Le saucisson au chocolat, du plaisir en barre

Temps de préparation : 3 h 30 environ

Ingrédients : 200 g de chocolat, 80 g de beurre, 15 Petits Beurre, 2 jaunes d'œufs, du sucre glace

Fais fondre le chocolat au bain-marie. L'eau ne doit pas bouillir mais rester bien chaude, pour éviter les grumeaux.

Fais fondre le beurre à feu doux dans une petite casserole.

Place les Petits Beurre dans un sachet en plastique et écrase-les à la main délicatement, jusqu'à obtenir des morceaux plutôt gros.

Verse le chocolat dans un saladier avec le beurre fondu et tiédi. Remue bien, avant d'incorporer les jaunes. Remue encore, puis ajoute les biscuits.

Sur une feuille de papier cuisson, place la préparation en formant un boudin. Rabats le papier dessus et appuie pour condenser la pâte. Laisse reposer 3 h au frigo.

Ressors ton saucisson pour le saupoudrer de sucre glace. Frotte légèrement pour parfaire l'illusion. Coupe-toi une tranche : pour les yeux et les papilles, c'est une dinguerie !

Pour mes 50 ans, j'imaginais une énorme fête. La famille, les amis, le gâteau de dix étages, les looks de folie, la piste de danse blindax, la gueule de bois au réveil… Un « fuck » aux injonctions au milieu des confettis. Au lieu de ça, je me suis retrouvée en cure de jeûne en Provence, avec quelques-unes de mes meilleures amies. C'était pas le lieu pour trinquer à mon nouvel âge, mais j'étais hyper-motivée par mon éternel objectif : équilibrer mon poids. Sur place, on a rencontré des habitués qui venaient pour les bienfaits santé, plutôt que pour maigrir. Ils partaient en randonnée, quand nous filions dans les boutiques ou au cinéma. Pour ne pas arranger les choses, ils se permettaient d'être gentils, bienveillants, accueillants… Bon, t'as compris : je n'ai pas de quoi me plaindre. En réalité, le groupe était adorable et, peu à peu, la cure a réalisé son miracle. Après deux heures de yoga et des ateliers nutrition chaque jour, on dormait comme des bébés dès 21 heures. On se réveillait l'esprit et le corps légers. Au retour, on a dit « bye » au bouillon du soir, mais « bienvenue » à un sommeil amélioré et à un système digestif reposé. Ça nous a fait tellement de bien qu'on a remis le couvert trois ans plus tard, en Bretagne. Attention : toujours avec option shopping et ciné !

Conseil

Pour rester en forme, le secret, c'est de dormir huit heures par nuit, de s'entraîner six fois par semaine pour le cardio et la souplesse, de boire au moins 2 litres d'eau par jour, de compter ses calories et ses glucides, de prendre des vitamines, de manger des légumes à tous les repas, de prendre du collagène pour la peau, de se masser avec une crème anticellulite, de faire des cures de jus verts, de prendre des douches froides, de méditer, d'éviter l'alcool et le sucre, de supprimer les ingrédients transformés, de mâcher lentement, de marcher 10 000 pas chaque jour, tout ça en ayant un emploi à plein temps, une maison à entretenir, des enfants à élever (et bien si possible) et un couple à soigner. Ne pas oublier le principal : barrer cette liste et mordre dans un triple burger.

Mon corps, une fête

M'allonger sur le sable blanc, sauter dans le premier train, danser dans mon salon, tracer des ombres sur mes paupières, sentir mon cœur battre la chamade, entendre mes fils dévaler l'escalier, éclater de rire avec eux, tout ça, je le dois à mon corps. Alors, j'en chéris chaque centimètre carré. Mais, si je devais faire un choix idiot entre mes cinq sens, je garderais le toucher. Il m'emporte en enfance, quand j'effleurais la soie ou la dentelle, dans la boutique de lingerie de ma maman. Je collectionne encore les tissus nobles, c'est mon côté snob (ou ma ressemblance avec Miss Piggy des *Muppets*. T'as pas la réf ? Tant mieux pour moi). Mais même le luxe perd face à mes enfants. Il n'y a rien de meilleur que de glisser mes doigts dans leurs cheveux ou de poser ma main sur leur visage. Sauf, bien sûr, quand ils sont crados après le sport. Quand ils sortent leur sac de foot, je me tâte à enfiler un masque FFP2, à m'enduire de gel hydroalcoolique et à maintenir un bon mètre de distance de sécurité.

Devant le miroir, j'essaie de célébrer mon corps, de penser en mode *body positive*. Je me fais un clin d'œil en me lançant « hey, belle gosse ! » avec autant de conviction qu'un harceleur de rue. Sauf que ça me donne envie de me planquer, pas de me kiffer. C'est le moment d'invoquer les compliments de mes proches et ceux de ma communauté : mes cheveux sont superbes (oui, mon budget coiffeur est au courant), j'ai de jolies mains (bah oui, je fais mes ongles toutes les quatre semaines), je possède une peau de pêche (sans hydratant, c'est le retour des morts-vivants). Je suis à deux doigts de laisser tomber, quand je prends deux pas de recul. Oh, l'ensemble de mon corps est harmonieux, les courbes se répondent parfaitement, pas mal cette silhouette ! Elle est... humaine, quoi. Merde. Encore raté. Pourtant, cet échec ne brise pas le plus important : ma joie de vivre. Après ce laïus, tu penses que je me fous de toi, mais absolument pas. Ma priorité, c'est de me sentir bien. Pour ça, je possède des sacrées réserves de joie. Ma mère raconte même que, quand j'étais petite, je me réveillais avec le sourire. Aujourd'hui, je continue d'avancer avec optimiste, de me concentrer sur les éclaircies, d'essayer de voir le verre à moitié plein. Sauf si c'est une coupe de champagne. Là, faut pas m'arnaquer, mais me resservir ! Mon troisième prénom est Semha, ce qui veut dire « joie ». Je le sens, c'est en moi tout le temps. Je suis une éternelle optimiste !

Le grain de sel des garçons

On t'aime, Maman

Comme tout le monde, Maman ne se sent pas forcément belle tous les jours. C'est pour ça qu'il faut lui rappeler régulièrement qu'elle est toujours hyper bien habillée, qu'elle a toujours l'air d'être sur son trente-et-un. Et puis, soyons objectifs : c'est la plus belle, dans toutes les circonstances !

D'ailleurs, son nouveau métier d'influenceuse a certains codes : les habits en font partie, mais notre mère ose prendre des risques et rend toutes ses tenues magnifiques !

Elle te sort une ancienne combinaison de policier qu'elle améliore avec ses propres patchs et ajoute une paire de chaussures hyper-tendance avec... Elle rhabille tout le monde aux événements : *queeeeen* !

Rester en forme

M'en veux pas si je me la joue « mère la sagesse », mais j'ai une envie irrésistible de t'écrire : « Prends soin de toi, car ton enfant a besoin que tu le soutiennes pour grandir. Tu es le tuteur de sa vie. » Ce conseil, il est surtout pour moi. Je me le répète pour me pousser le cul vers le cours de gym ou les salles d'attente des médecins. Même si mon rapport au sport est inexistant, et que j'ai fait une overdose des toubibs après la PMA. Mais je tiens à ce que mon corps m'accompagne le plus loin possible, pour rester autonome et soulager mes gamins.

Conseil

T'attends le déclic pour te mettre au sport ? Moi aussi. Aller patauger dans une piscine, poursuivre des balles comme un labrador, courir sous la pluie ou me briser le cou à l'escalade, il n'y a rien qui me donne envie de suer. Ma vocation, c'est le banc de touche. Seulement, faut que je me lance pour rester en bonne santé, chasser les douleurs et réduire le stress. Alors, avec Céline Roy, j'ai commencé un programme de remise en forme. Tu peux d'ailleurs essayer d'« aspirer ton nombril » avec moi sur YouTube ou juste m'encourager de loin (le cerveau est un muscle, après tout).

Voici une histoire d'été : je porte une robe toute colorée, pour cacher le stress qui m'envahit, malgré le ciel bleu. À chaque enjambée, je songe à la boule sous mon sein gauche. Quelques jours avant, j'ai rencontré Corinne sur la plage. Elle m'a raconté que, par négligence, celle de ne pas faire une mammographie, elle était passée à côté d'un cancer du sein. Alors, à mon tour, car si Corinne s'en est tirée, elle a eu de la chance. En tendant ma carte Vitale, je rassemble mon courage. Puis je monte les escaliers pour le strip-tease le moins affriolant de ma vie. Je sors de la prise des clichés : c'est pas un kiff, mes seins ont été aplatis comme des blinis par la machine, mais ça passe. Les résultats tombent… Tout. Va. Bien ! Je suis trop contente, et fière de moi de ne pas avoir attendu. Maintenant, à moi d'encourager les femmes à prendre rendez-vous, en continuant d'envoyer de la force à celles qui se battent, telles que Sylvie, Gwen ou Louna, qui m'ont tant appris. On se sait (et on se serre… les coudes) !

CHAPITRE 11

100 % mode

La mode, amour d'enfance

Vêtements, coiffure, maquillage... Déjà toute petite, je dessinais des tenues et je me rêvais en styliste. Un de mes moments favoris, c'était le shopping de la rentrée. Dans le paquet de tenues pratiques, je pouvais choisir quelques articles. Quand ma mère me disait « oui », c'était la joie ! Le reste de l'année, j'étais loin d'une Cendrillon. Quand je regarde mes photos d'enfance, je ne peux pas le nier : ma mère m'habillait avec goût. Mon amour fou du style remonte à mes racines.

Adolescente, j'avais envie de surprendre mon entourage. Ma maman disait de moi : « Raphaëlle, c'est soit SDF, soit Festival de Cannes. » Qu'importe les piques, je multipliais les *outfits*. C'était mon terrain de jeu. Pourtant, ma tenue fétiche était basique : jean, sweat et des pompes devenues vintage aujourd'hui. Mon véritable trésor était un perfecto que j'avais déniché aux puces à l'âge de 15 ans. J'y repense avec un pincement au cœur, car ma mère m'avait obligée à le rendre. Le blouson noir, ça faisait trop vulgaire, trop motarde. Pas assez « jeune fille rangée ». Adulte, un vent de rébellion a soufflé dans mon vestiaire. Pour mes 54 ans, je me suis offert une combinaison effet cuir.

Une tenue d'anniversaire
Pour célébrer mes 54 ans, je me suis changée en rock star. J'ai enfilé ma combinaison intégrale noire en cuir synthétique, ornée d'épaulettes à la manière d'une super-héroïne, ainsi que des bottes bleu nuit, une ceinture pour marquer ma taille, une montre et une bague en onyx.

Le grain de sel des garçons

Les chiens font parfois des chats

La vérité, c'est que Maman en a marre qu'on soit tout le temps en jogging. Elle ne nous le dit pas forcément de façon explicite, mais on sait très bien qu'elle aimerait qu'on soit un peu plus apprêtés... dommage !

Libre dans ses fringues, libre dans sa tête

Tu ne me verras jamais comprimer ma cage thoracique dans un corset de la Renaissance ou me ficeler la taille dans une jupe, façon paupiette. En revanche, tu me croiseras au rayon mecs. Selon Raphaëlle Wintour (comment ça, tu ne connais pas ce génie de la mode ?), rien n'est plus sexy ni plus puissant qu'une meuf en costume masculin. Quand tu troques les lignes féminines, aux coutures rigides et fragiles contre des poches et des coupes qui te permettent de bouger, t'as la force de conquérir le monde. Mais amuse-toi avec les codes genrés. Mélange le jean brut de garçon et les Dr. Martens avec une ceinture mordorée et une belle bouche rouge. En restant, sans bijou, sans sac, à l'aise comme un homme.

Une tenue masculin-féminin
Pour le concert de Janet Jackson, je voulais me déhancher tout en étant « pimpée ». J'ai opté pour un costume trois pièces de mec, un soutif noir sous le gilet et des Nike blanches (bien chaussée aux *boobs* comme aux pieds), une grosse montre masculine, un coup de gloss, et c'était plié !

Où trouver de l'inspiration, sans débourser un smic et en envoyant bouler « mode jetable » ? Dans les friperies, les vide-greniers, aux puces, dans les boutiques de revente d'uniformes ou encore sur Vinted ! En piochant dans la seconde main, tu peux te refaire une toilette. En cas d'échec, tu vends, tu rachètes. Dans ces explorations textiles, tu peux aussi tomber sur des pépites : des sapes de luxe à prix cassé, qui te supplient de les adopter. Refuser, ce serait déclarer la guerre à la *fashion victim* qui t'anime. Celle qui t'aide à associer les formes et les couleurs. Celle sans laquelle tu te déguiserais avec des pulls de Noël en février. Celle qui t'avertit des dernières tendances, que ce soit « les rayures sont *out* » ou « le body sous le blazer est *in* ». Celle qui est ton ange habillé en Prada, tout simplement.

Craquer sur Vinted
L'un de mes derniers craquages sur Vinted, c'est une paire de sandales italiennes René Caovilla. Lorsque je les enfile, je me sens comme Peau d'Âne dans sa robe couleur de soleil. Au-dessus d'un talon en daim, ces chaussures forment un écrin, constellé de cristaux Swarovski multicolores. Elles sont belles, sa grand-mère !

Enfant, on flippe à l'idée de trouver des monstres dans nos armoires. En grandissant, c'est notre penderie qui nous donne des sueurs froides : et si on fait sauter les boutons de ce pantalon ? Et si les manches de ce tee-shirt nous coupent la circulation ? Et si la fermeture Éclair de cette robe se coince à mi-parcours ? Pour surmonter ces peurs, j'ai une astuce de pro. Non, ce n'est pas de s'habiller en serrant une peluche contre soi (si le support émotionnel est au max, la logistique est pas top), mais d'acheter des fringues qui t'iront avec des kilos en plus ou en moins. En *oversize* ou en jupe « ras le persil », ton but, c'est de te sentir bien dans tes vêtements, donc bien dans ta peau.

Astuce

Je revends mes vêtements en permanence, sauf une robe que j'adore. Ou plutôt deux ou trois. C'est le même modèle en soie et Lycra, mais décliné en plusieurs couleurs. Je peux prendre une forme de poire, de pomme ou de nugget, je m'y sens à l'aise. Si tu déniches ce genre de tenue magique qui suit tes variations de poids, adopte-la en plusieurs exemplaires. Ton dressing risque d'avoir une légère *vibe* « personnage de dessin animé », mais ça va te sauver après les fêtes ou après les diètes.

Body art

De la pointe des cheveux à l'ongle du petit orteil, je ne laisse rien au hasard. Je couve, je pomponne, je polis chaque partie de mon corps. C'est un taf à plein temps qui me vole mes salaires, mais qui me booste le moral. Les rendez-vous chez la manucure ? Les heures à soigner ma chevelure ? La *skincare routine* quotidienne dans la salle de bains ? Ce sont des instants sans enfant, sans conjoint, sans boulot. Parfois, je le fais à l'arrache, entre deux crises d'angoisse. Mais, les moments qui suivent, rien ne peut me mettre à terre. Même si mon mari m'appelle « mon pain de Végétaline » quand il embrasse ma pellicule de crème, je flotte au-dessus des avis et des problèmes, comme une bulle de champagne.

La routine peau
De la peau de bébé à nos dernières rides, les changements hormonaux bouleversent nos épidermes. On peut y faire attention, sans se condamner à une *skincare* interminable. Une unique crème peut suffire, tant qu'elle est adaptée à ta peau et qu'elle te donne un prétexte pour te poser cinq minutes, seul. Ce moment pour déstresser, c'est l'ingrédient secret qui illumine ton visage.

Le grain de sel des garçons

Selfcare

Maman nous a toujours appris à prendre soin de nous, mais, souvent, on a la flemme. En revanche, on n'oublie jamais de mettre de l'écran solaire et un peu de crème hydratante après la douche !

Certaines personnes emportent leurs crayons de couleur où qu'elles aillent, pour créer partout et à toute heure. Moi, j'embarque mes palettes de maquillage. Chacun son art ! J'ai d'abord appris en autodidacte, sur moi et sur des copines volontaires pour me servir de toile, avant un apéro, autour de confidences et de fous rires. Si je réussis mon tour, elles repartent la tête haute, telles les déesses qu'elles sont en permanence, mais dont le halo ressort sous mes pinceaux. Puis, quand j'ai perdu mon boulot au moment du Covid, je me suis lancée dans une formation pro. À plus de 50 ans, avec personne pour m'obliger à faire mes devoirs, fallait vraiment que le feu du *make-up* m'anime pour décrocher le diplôme.

Les indispensables
Un hydratant à lèvres + un coup de rouge à lèvres + ta routine *skincare* + une crème SPF (on devrait la renommer « BFF », vu ses pouvoirs antirides) + de l'anticerne + un coup de brosse sur les sourcils et, paf, t'as l'air en bonne santé ! Personne ne saura que tu sors d'une gastro, et que tu commences une grippe, rapportées de la crèche par tes enfants chéris.

Le geste « beauté » dont je me suis débarrassée ? L'épilation. Le poil, ça me saoule autant que le poids. À la puberté, ma mère nous a appris à nous épiler à la cire, ma sœur et moi. Pas besoin de te faire un dessin : ça tire, ça brûle, ça prend des plombes. Tu arraches la moindre trace de duvet, pendant que tes potes mecs crient victoire au moindre fil noir au menton. Un jour, je me suis fait une belle blessure en épilant mes aisselles. Alors, au lieu de dire « au revoir » à ma peau chaque semaine, j'ai organisé des funérailles pour mes poils avec l'épilation laser.

Ma routine cheveux

Mes cheveux, c'est ma parure. Pour les chouchouter au quotidien, voici mon tuto shampoing (spécial cheveux secs et épais) :

- Brosse-les, puis mouille-les à l'eau chaude pour ouvrir leurs écailles.
- Fais un premier shampoing, et rince abondamment, toujours à l'eau chaude. Si ça ne mousse pas, c'est normal !
- Recommence pour un second shampoing.
- Essore délicatement tes cheveux, avant d'appliquer un masque à la main, puis de répartir la crème à l'aide d'un peigne.
- Rassemble tes cheveux en chignon, et entoure-les de Cellophane et d'un bonnet. Laisse mijoter pendant 15 min à 1 h.
- Rince à l'eau froide, sèche-les et… mate la crinière !

Faut que ça brille !

Je n'ai rien à envier à Catwoman ou à Arsène Lupin. À l'âge de 4 ans, j'ai fait mon premier casse : dès que ma mère a relâché sa vigilance, j'ai piqué sa boîte à bijoux. Puis, généreuse, j'ai distribué chaque perle, chaque diamant, à mes camarades de classe. Détective Maman a rapidement résolu l'affaire, puis elle a récupéré ses joyaux un par un. Le savon qu'elle m'a passé n'a pas fait disparaître ma passion pour les bijoux rétro. Dès que j'étais devant une vitrine, je m'imprégnais des pierres, des formes, des couleurs. Plus tard, j'en ai fait mon métier : j'ai vendu des bijoux durant plus de vingt ans, puis j'ai converti des pièces anciennes en choses neuves. J'achetais, puis je dessinais, je transformais, je vendais. Ça brillait ! Cette période de ma vie me revient de temps en temps, quand j'admire les merveilles fabriquées par des joailliers ou quand je touche mon poignet droit. Là, je porte un bracelet avec cinq petits diamants qui étaient incrustés dans l'alliance de ma mamie chérie Laura. Ce souvenir d'elle, c'est une des choses les plus précieuses que je possède.

Le grain de sel des garçons

Like a diamond

- **Sam**
  J'ai un bijou de chez Dinh Van que je ne quitte jamais.

- **Ethan**
  J'ai un collier représentant l'arbre de vie. Il me rappelle tous les jours de profiter de l'instant présent.

- **Ben**
  J'ai acheté une bague il y a quelques années, avant d'entrer au lycée. C'est la seule que j'ai réussi à ne pas perdre, alors je la garde précieusement.

Mon porte-bonheur
Pour protéger mon entourage, j'ai aussi mes rituels. L'un d'eux, c'est d'offrir une pierre brute de labradorite. En lithothérapie, c'est une pierre de protection. Elle absorberait les énergies négatives jusqu'à les dissoudre. Elle éliminerait les ondes négatives et les angoisses pour mieux favoriser le calme intérieur et le bien-être. Souffler un peu de cette magie chez mes proches, c'est une de mes manières de leur dire « je tiens à toi ».

CHAPITRE 12

Et la romance, dans tout ça ?

Premières fois

Installe-toi confortablement, allume les bougies et sors les paquets de chips ou de marshmallows. C'est l'heure des histoires aussi tendres que croustillantes, c'est l'heure de la romance. Je vais te livrer du *love*, et mes fils vont sûrement rouler des yeux parce que j'ai été une grande amoureuse. Mon cœur a fondu dès la maternelle pour un certain Cyril. Puis, de la primaire au collège, j'avais un *crush* incurable pour un garçon nommé Julien. Arrivée au collège, je vivais comme dans le film *La Boum* : j'avais une bande de potes, on flirtait, on se roulait des pelles, on allait au ciné, on parlait fort, on se lançait des défis débiles. Nos parents étaient carrément largués alors que, nous, on parlait verlan, portait des jeans moulants, des Americanas et des chaussettes Burlington aux pieds.

Vers la fin du lycée, j'ai déchanté. J'adorais Marco, un modèle de *bad boy*. Ma mère m'avait mise en garde à propos de ce garçon, trop beau et trop sombre. Pour moi, elle pouvait pas comprendre cet amour ouf. Bientôt, le Marco m'a collé un ultimatum : « Soit tu couches, soit je te plaque. » Évidemment, le message a été livré de manière plus subtile, à base de sous-entendus, de gestes de *lover* et de regards de chien battu. Moi, j'étais pas prête pour un rapport intime et, heureusement, j'ai pas craqué sous la pression. Après les vacances, ce fumier m'a larguée. Mon cœur s'est brisé. J'ai mis une année entière à le réparer.

Anecdote : Les doigts dans le nez

Je suis dans un wagon quasi vide, quand je remarque un mec qui me fixe avec un air de rapace. Le malaise s'installe : s'il vient vers moi, j'ai aucun moyen de me défendre. Si je me déplace, il va peut-être me suivre. Qu'est-ce que je peux faire, seule, dans ce wagon ? Eh bien, je prends mon doigt, je le mets dans mon nez, et je commence à gratter. J'y mets toute mon énergie. Je ne suis ni la plus fraîche, ni la plus sexy, mais je veux me sauver la vie. Direct, ça marche ! Le mec détourne le regard, hyper-gêné. Pervers en roue libre 0, Raphaëlle la dégueu 1.

Quand j'ai guéri de mon chagrin d'amour, j'ai rencontré Mickaël. Lui, c'était la gentillesse incarnée. À ses côtés, j'ai vécu une première fois tout en douceur. Quand je suis partie en Angleterre, on a rompu. À mon retour, on a repris, puis on a arrêté pour de bon. Il n'était pas prêt à s'engager, alors que je voulais fonder une famille. On s'est quittés très bons amis.

Le coup de foudre

À 21 ans, je me voyais hôtesse de l'air. Bosser dans les nuages, être tirée à quatre épingles et accompagner les passagers d'un horizon à l'autre, ce serait phénoménal. Juste avant qu'on se sépare, Mickaël m'a dit : « Tu sais, mon père embauche dans sa compagnie aérienne. » Banco ! Derrière un bureau, je pouvais déjà tâter le terrain aérien. J'y ai noué une amitié toute neuve, avec une collègue qui m'a invitée à une fête. Il y avait du monde, mais, surtout, il y avait Stephen. On s'est regardés, on ne s'est plus quittés de la soirée. Des âmes sœurs qui se retrouvaient. On avait la même éducation, les mêmes envies, la même vision du futur, et le même anniversaire : le 27 février. Quand cette longue nuit s'est achevée, on s'est donné d'autres rendez-vous. On a flirté, on a poncé le parquet des boîtes de nuit, jusqu'aux vacances. À la rentrée, je l'ai trouvé devant mon bureau, une rose à la main. Très vite, on s'est présenté nos parents respectifs pour se voir le plus souvent possible. Et la suite, tu la connais. On s'est aimés si fort qu'on s'est mariés et qu'on a eu trois beaux enfants. Pourtant, cet amour fusionnel a fini par s'épuiser. Le divorce est passé par là, avec son lot de tristesse, mais on chérit le souvenir de notre complicité.

L'amour longue distance

T'as déjà eu le *trailer* de ma romance avec Alexis, au chapitre 6. Mais j'ai « oublié » de te raconter les détails : la rencontre, les ratés, les retrouvailles. Comme t'es encore là (on arrive à la fin du livre), je sais que mes histoires ne te tannent pas, au contraire. Commençons par le commencement : une pizzeria cannoise incontournable, la Pizza Cresci, où j'allais déjà dans le ventre de ma mère. Là, j'y retournais en tant que maman solo, avec mon père, Ethan et Sam. J'ai laissé ma famille s'installer, pendant que je cherchais une place de parking. Durant mon absence, mon père m'a tendu un piège : il a demandé à Alexis, qui bossait au restaurant, de me dragouiller. Encore plus surprenant : ça m'a plu.

On s'est revus quelques fois, jusqu'au fameux rencard de la piscine. Alexis et moi, on discutait au bord de l'eau, sous le soleil. Là, dans la lumière de l'été, il a eu envie de m'embrasser, quand une voix d'enfant l'a refroidi d'un coup. C'était un de mes fils, en brassards jaunes, dégoulinant d'eau, qui criait : « Maman, je veux faire pipi ! » Moins romantique, tu crèves. J'ai traité l'urgence pendant qu'Alexis redescendait sur terre. La spontanéité, avec des gamins, c'était mission impossible. Alors, au lieu d'un baiser, il m'a donné son numéro de téléphone. Une fois à Paris, j'ai appelé ce restaurateur cannois. J'ai commandé une relation à distance, pas des pizzas. Avec trois fils, j'aurais peut-être dû opter pour la bouffe, mais la facilité, c'est pas mon truc.

En septembre, Alexis devient mon *boyfriend* officiel. Il se passe ce qu'il doit se passer : on fait des plans sur la comète. Et si je bossais dans le Sud, avec lui ? Je cale des rendez-vous avec des clients potentiels puis, un mois avant, Alexis disparaît des radars. Un *ghosting* dans les règles de l'art. Impossible d'annuler mon programme : je descends à Cannes en février, les valises pleines de bijoux. J'en profite pour confronter Alexis, hors de question qu'il se tire dans le silence. Mais, en le voyant, c'est moi qui reste bouche bée : il s'est rasé la tête. Plus un poil sur le caillou. Je fournis un gros effort d'imagination pour le visualiser avec une moumoute, pendant qu'il s'explique. Il a pris peur, il est tombé amoureux de moi, il pense qu'il n'est pas à la hauteur, qu'il ne saura pas gérer, bla bla bla, il a surtout changé de look sans me prévenir, oui ! Bon, on repasse la première, et on recommence. Le temps qu'il remette de l'ordre dans ses idées, et des cheveux sur sa tête.

Anecdote : La fuite en scooter

C'est le mois de mai, me voilà avec Ethan et Ben dans le Sud, pendant que Sam est chez son père. On se cale sur une plage, juste à côté du resto de mon amoureux. Après son service, il nous rejoint, hyper beau gosse. Sauf qu'au printemps, il fait trop froid pour se baigner. Mes fils jettent du sable pour s'occuper (pourquoi faire des châteaux ou des tunnels ? C'est vu et revu). Je me prends des grains dans l'œil au passage. Que fait Alexis ? Il regarde la scène avec un air ahuri, il grimpe sur son scooter, il remet son casque et il se casse. Soudain, il perd dix points de charisme. Quelques heures plus tard, il se réveille de son coup de flip et il m'appelle pour s'excuser. J'y croyais moyen, mais, dix-huit ans plus tard, il ne s'est pas retiré de notre famille d'agités.

J'avais prévenu Alexis : « Si tu me demandes en mariage, je me barre en courant. » Il m'aimait si fort qu'il s'est retenu durant neuf ans. On a même eu le temps de faire un enfant, Dan. Enfin, il a tenté sa chance le soir de ses 40 ans. Tout était planifié : un taxi, la plus belle table de la *Tour d'Argent*, un maître d'hôtel qui soulève une cloche pour révéler un écrin. Dans l'écrin, il y avait une alliance… trop petite pour mon doigt. T'imagines l'angoisse ? C'était peut-être le signe de me tirer. Mais la *Tour d'Argent*, c'était un vieux projet, prévu pour célébrer ma dernière grossesse, avant que les mois filent. Au lieu d'oublier ce plan magique, Alexis l'avait perfectionné afin de me témoigner son amour. Et ça, ça lui assurait un grand « oui » ! Je ne me suis pas barrée en courant. On a changé la taille de la bague, et on est partis pour neuf nouvelles années de joie et d'épreuves.

Mot aux mamans solo
Si vous cherchez depuis longtemps un partenaire, mais que vous allez de déception en déception, ne désespérez pas. C'est difficile de trouver la bonne personne. Le bien-être de votre famille n'a pas de prix. Vous avez raison de ne pas y faire entrer un étranger qui se comporterait en coloc, en gamin ou en p'tit chef. Moi, même si j'ai eu la chance de tomber sur Alexis, son arrivée n'a pas été facile. Votre vie, vous n'avez pas besoin de la « refaire », elle est déjà faite, mais si vous avez envie de la continuer avec quelqu'un à vos côtés, rappelez-vous que, même à 50 ans, même à 60 ans, c'est possible. C'est même le timing parfait. Sans jeune enfant, sans charge mentale, vous pouvez tout oser, tout vous autoriser.

Et ils vécurent heureux (presque) chaque jour

On raconte que les vieux couples s'enfoncent dans la routine. Que ça ronronne, qu'il n'y a plus d'aventures. Pourtant, moi, je kiffe nos rituels. Chaque matin, on se lève à tour de rôle pour préparer le café, puis on le boit au lit. C'est notre manière de dire à l'autre : « Quoi qu'il arrive, je serai là au réveil, avec toi. » Dans la journée, on s'envoie des SMS de rien du tout, la preuve qu'on pense l'un à l'autre, qu'on continue d'y croire jour après jour. Dès que c'est possible, on s'attend pour manger. Parfois, on s'assoit sur le sol comme des ados, pour siroter une bouteille. Partager ce quotidien, c'est notre déclaration d'amour.

Malgré cette sérénade, il nous arrive de tout foutre en l'air. De passer de tourtereaux à chiens de la casse en une seconde. Il n'y a plus de p'tit déj au lit, plus de mots doux, plus d'attente : on se fait la gueule de manière professionnelle. Moi, je suis endurante. Je peux tenir quinze jours dans le silence et les regards noirs. Lui ? Même quand c'est moi qui merde (chose pas impossible, mais très rare, évidemment), il rouvre le dialogue. Si sa tentative plante, il appelle mes amies à la rescousse. Ou j'appelle un de ses amis. On cherche une tierce personne pour jouer le conciliateur. Jusqu'ici, ça a marché. Quand l'odeur du café remplit la chambre le matin, c'est que l'orage est passé.

La flamme

Ce qu'Alexis me fait ressentir, ce mix de familiarité et de plaisir, entre le doudou et le feu d'artifice, c'est difficile à retranscrire parfaitement. Mais, si tu peux me lire sans rougir, sache qu'il nous suffit de nous toucher, de nous sentir, d'entendre l'autre respirer, pour nous détendre… avant le décollage. Les années sont passées, nos corps ont changé, pourtant tout continue de me plaire chez lui, et inversement.

Vieillir ensemble, ça nous oblige à trouver de nouveaux sentiers pour notre désir. En d'autres termes, avec la ménopause, tu dois faire reluire ton berlingot ; avec l'andropause, il doit faire grossir sa cerise. Ou vous devez chercher ensemble d'autres zones à chatouiller. Malheureusement, vos libidos sont pas synchro à chaque fois. Tu dors à poil à cause des bouffées de chaleur, mais personne ne peut en profiter. Que faire si t'as besoin de pioncer quand il est enfin au garde-à-vous ? Tu te forces pas, tu lui dis. Demain, c'est peut-être lui qui n'aura plus envie, alors que tu voudras passer à table. Tu vas pas l'obliger à manger quand il n'a pas d'appétit, même si t'as préparé le repas avec amour. C'est pareil pour lui. Le consentement, l'écoute et le respect, ça dure toute la vie.

Conseil de loveuse

Pour attiser la flamme, donne rendez-vous à ton ou ta partenaire, comme si c'était une relation extraconjugale. Dégage du temps dans ton agenda, fais garder tes enfants, apprête-toi comme pour un rencard secret, réserve une chambre d'hôtel et laisse la séduction s'installer. Ce n'est plus votre lune de miel, mais, l'espace d'une soirée, ça en aura la saveur. Destination : l'amour !

Conclusion

C'est la fin. Et les adieux, ça ne m'inspire pas, ça me fait chialer. Alors, on se dit « bye bye » et tu refermes ce livre. Avant ça, promets-moi que… tu mettras des cœurs sur Internet pour qu'on reste connectés, toi et moi ! Tu me parleras de tes passages préférés et de ceux que t'as moins aimés (prends des pincettes : rappelle-toi que je suis susceptible, selon Ben) ? Puis, on se retrouvera sur papier, dans la rue ou en vidéo ? Oui ? Alors, quitte-moi avec classe : tourne la page comme une star hollywoodienne. Attends, deux secondes ! Donne-moi le temps de chercher mes mouchoirs et de te dire que tu vas tellement me manquer. Je sais, c'est qu'un bouquin, je te vois pas, je te connais pas, on est des étrangers.

Pourtant, je t'imagine. Tu es peut-être un parent solo, au bout du rouleau, mais au cœur qui déborde ; un ou une jeune adulte avec de la repartie et des projets plein la tête ; une future maman ou un futur papa qui lutte pour avoir un petit, dopé(e) au courage et à la patience ; un parent qui a perdu son enfant, tentant de survivre dans la toile de cet amour infini ; une femme ou un homme qui pense avec tendresse au gosse qu'il ou elle était jadis. Qui que tu sois, tu es unique. Regarde ton reflet et ton parcours avec bienveillance. Serre-toi dans les bras, enveloppe-toi.

J'espère que ce livre t'aura fait rire et verser une ou deux larmes. J'espère, surtout, qu'il t'aura aidé à mieux comprendre tes enfants ou tes parents (je te l'accorde, il y a du boulot !). Tu ne vas pas rester toute ta vie sous le même toit qu'eux. Il faut profiter de ces précieuses années pour te tricoter des jolis souvenirs à transmettre aux générations futures. Je compte sur toi pour choyer ta famille et faire d'elle un refuge, un abri, un endroit réconfortant.

Oh, j'ai failli zapper ! Quelle mère indigne ! Impossible de te laisser sans évoquer mes fils. Je ne le répéterai jamais assez : ils sont ma plus grande fierté et mes plus gros tourments, mon oxygène et mes plus grandes peurs. Je remercie leurs papas, Stephen et Alexis, d'avoir désiré aussi fort que moi ces quatre merveilles. C'est grâce à eux que je suis devenue maman, le plus beau rôle que j'aie jamais eu, et de loin. Ensemble ou séparément, on a donné le meilleur de nous-mêmes. On a navigué à vue, parfois avec maladresse, mais en visant la lune : le titre de *BEST PARENTS EVER* !

Sam, Ethan, Ben et Dan auront sans doute des reproches, mais comme disait ma mère à ma sœur Judith et à moi lorsque nous la critiquions : « Il me tarde de vous voir faire avec vos propres enfants ! » Eh oui, je n'allais pas partir sans une ultime pique. Ni sans un dernier mot doux : je souhaite, sincèrement, le meilleur pour mes fils. Qu'ils rencontrent l'amour, la joie, la réussite, l'épanouissement. Qu'ils restent en bonne santé, dans leur tête et dans leur corps. Et qu'on se fabrique sans cesse des rêves ensemble.

Maintenant, je n'arrive plus à m'arrêter. On se croirait aux Oscars. Comment finir sans remercier toutes ces personnes qui m'ont portée ? Je t'ai beaucoup parlé des femmes de ma vie, ma mère Michele et ma sœur Judith, mais il y aussi mes nièces Éva, Salomé et Noémie, ainsi que mes belles-mères Carole et Nicole. Il y a aussi les amis de toujours : Magalie, Fabienne, Vanessa, Patou, Natacha, Nathalie, Yaël, Gwen, Valérie. On s'appelle et se voit très souvent, on s'aime tout simplement. Et il y a les nouvelles rencontres : Sylvie, Murielle, Solange, Jessica. On se voit, on s'appelle, c'est évident. Elles sont ce que j'appelle la famille de cœur. Par contre, je ne t'ai pas beaucoup parlé de la gent masculine. Ces hommes qui m'ont marquée, qui ont servi de référence à mes époux, puis à mes garçons. Je remercie donc mon papa, Jean, pour tout ce qu'il m'a transmis ; mon papi Maurice, qui a bercé mon enfance et que j'ai aimé si fort ; mes deux beaux-pères, Sébastien, le papa de Stephen, puis Jacques, le papa d'Alexis, qui nous a quitté il y a cinq ans. Ils m'ont tant appris. Sans oublier Éric, le deuxième mari de ma maman, qui a été extrêmement important à un moment donné de ma vie.

Je remercie Françoise d'avoir cru en moi depuis notre rencontre dans le RER. Merci pour ce livre qui rend hommage à ma communauté, vous qui êtes plus de 1,5 million à suivre mes aventures.

Mais celle vers laquelle mes pensées se tournent, aujourd'hui, encore et toujours, c'est ma mamie Laura, à qui j'aimerais dédier ce livre.

J'ai tellement de choses à te raconter encore. Je vois, je vois… des tas d'aventures passées et des croustillantes à venir ! On va pas se lâcher de sitôt. En attendant, toi, le parent, et toi, l'enfant, sois fier et prends soin de toi.

Je t'embrasse fort fort fort, à bientôt ♥

Raphaëlle

Cet ouvrage est composé de matériaux issus de forêts
bien gérées certifiées FSC®, de matériaux recyclés et
de matériaux issus d'autres sources contrôlées.

Le Forest Stewardship Council® est une organisation
internationale non gouvernementale qui encourage une
gestion écologiquement adaptée, socialement bénéfique
et économiquement viable des forêts de la planète.
Pour en savoir plus, consultez le site www.fsc.org

FSC
www.fsc.org
MIXTE
Papier issu de
sources responsables
FSC® C014138

Achevé d'imprimer en septembre 2025
Par FINIDR
Dépôt légal : octobre 2025

Imprimé en République Tchèque